16,80

Francis Frangipane

Heiligkeit, Wahrheit und die Gegenwart Gottes

2. Auflage: Oktober 1993
1. Auflage: November 1990

Titel der Originalausgabe: Holiness, Truth and the Presence of God

Übersetzung: Werner Gleischberger
Grafik: image design A. Fietz, Landsberg
Satz: Knipp EDV-Satz, Wetter
Druck: Druckhaus Gummersbach
ISBN 3-925968-29-6

Francis Frangipane

Heiligkeit, Wahrheit und die Gegenwart Gottes

Verlag Gottfried Bernard
Lüdenscheid

Inhaltsverzeichnis

Heiligkeit, Wahrheit und die Gegenwart Gottes

von Francis Frangipane

Eine herausfordernde und eingehende Betrachtung über das Herz des Menschen und wie Gott es darauf vorbereitet, seine Herrlichkeit zu sehen.

Wir möchten insbesondere unserem Team von Editoren und Beratern danken, die geduldig Stunde um Stunde für dieses Werk geopfert haben.

Ich möchte auch meiner Frau Denise und unseren fünf Kindern danken, durch deren Hingabe diese Aufgabe vollendet werden konnte.

Vor allem möchten wir alle dem Herrn Jesus danken, der uns durch Seine Gnade und Treue Schritt für Schritt bis zur Fertigstellung dieses Werks geführt hat.

Einführung

Wer in diesem Buch eine Auflistung von Regeln und Gesetzen sucht, den muß ich leider jetzt schon enttäuschen. Die Heiligkeit, nach der wir streben, finden wir in der Tiefe und nicht in einer oberflächlichen Reinigung des 'Gefäßes' (vgl.Lk 11,39). Wir brauchen kein Heilmittel, das nur die Symptome und nicht die Ursache unserer Schwierigkeiten bekämpft. Wir suchen den lebendigen Gott. Echte Heiligkeit erlangen wir nicht, indem wir nur Regeln befolgen; wir erlangen sie, indem wir Christus folgen.

Auf dem Weg zur wahren Heiligkeit wechseln sich Leben und Tod, Gefahr und Segen ab. Unterwegs werden Sie herausgefordert, bevollmächtigt, provoziert und gekreuzigt werden. Sie werden jedoch nicht enttäuscht werden. Wenn Sie Gott suchen, werden Sie Gott auch finden.

Sie werden in diesem Buch vielleicht auch auf Aussagen stoßen, die Sie in Frage stellen. Ich behaupte nicht, daß ich fehlerlos bin. Es wurde viel Mühe aufgewandt, um die Wahrheit Christi unverfälscht zu präsentieren; dennoch bin ich all den Heiligen zu tiefem Dank verpflichtet, die mir ihre Erkenntnisse noch mitteilen werden. Wenn sie dazu geeignet sind, werde ich diese Korrekturen in der folgenden Auflage gerne mit aufnehmen.

Noch ein letztes Wort. Wir neigen normalerweise dazu, alles was wir glauben zu rechtfertigen, ob es nun stimmt oder nicht. Jedoch der endgültige Beweis, ob unsere Lehrmeinungen richtig sind oder nicht, ist unser Leben selbst: »Wer sagt, daß er in ihm bleibe, ist schuldig, selbst auch so zu wandeln, wie er gewandelt ist« (1.Joh 2,6). Diese Botschaft zielt auf diejenigen ab, die das heilige und vollmächtige Leben Christi führen wollen.

Wenn es nicht Ihr Ziel ist, wie Christus zu sein, werden

Sie wohl auch dementsprechend weniger Gewinn aus diesem Buch ziehen. Wer mit sich selbst zufrieden ist, wird dieses Buch sicherlich bald beiseite legen. Ich bete jedoch, daß Gott all denjenigen seine Gnade erweist, die sich diesen Prinzipien anvertrauen; er allein wird Ihnen die Kraft verleihen, um die wahre Heiligkeit zu erlangen.

Teil 1

Der Anfang der Heiligkeit

Jede Reise, jede Expedition beginnt damit, daß man sein Heim hinter sich läßt. So müssen auch wir auf unserer Reise erst die Selbstgerechtigkeit und den Stolz hinter uns lassen, bevor wir überhaupt an unser Ziel, nämlich die Heiligkeit, denken können. Wer wirklich in der Gegenwart Gottes leben will, muß zuerst den Weg der Demut und Wahrheit gehen.

Kapitel 1

Vor der Heiligkeit kommt die Demut

»Je mehr ich in Gott wachse, desto kleiner werde ich«
(Allen Bond)

Ein heiliger Mensch ist demütig

»...lernt von mir, denn ich bin sanftmütig und von Herzen demütig...« (Mt 11,29).

Die heiligste und vollmächtigste Stimme aller Zeiten beschrieb sich selbst als »sanftmütig und von Herzen demütig«. Warum stellen wir eine Schriftstelle über die Demut an den Anfang einer Betrachtung über die Heiligkeit? Weil Heiligkeit aus der Gnade kommt und Gott seine Gnade nur den Demütigen schenkt.

Hier ist es entscheidend zu verstehen, daß Jesus die Sünder nicht verurteilte; er verurteilte die Scheinheiligen. Ein scheinheiliger Mensch entschuldigt seine eigene Sünde, verurteilt jedoch die Sünden anderer. Man kann ihn nicht einfach abtun als einen Menschen mit zwei Gesichtern, denn auch die besten unter uns, müssen beharrlich gegen ihr »anderes Ich« kämpfen. Ein scheinheiliger Mensch weigert sich vielmehr anzuerkennen, daß er manchmal zwei Gesichter hat und gibt dadurch eine Gerechtigkeit vor, die jedoch in seinem Lebensstil nicht sichtbar ist.

Wer scheinheilig ist, kann seine Heuchelei nicht erkennen, weil er sich eigene Fehler nicht eingestehen kann. Selten bekämpft er die Fehler seines Herzens. Weil er keine Gnade sucht, kann er auch keine Gnade geben; weil er ständig unter Gottes Gericht steht, kann er selbst auch nur andere richten.

Wir können nicht scheinheilig sein und gleichzeitig nach echter Heiligkeit streben. Auf unserem Weg zur Heiligung müssen wir deshalb zu allererst bekennen, daß wir nicht so heilig sind, wie wir gerne dastehen möchten. Dieser erste Schritt heißt Demut.

Wenn wir Gott erkennen möchten, müssen wir uns über folgendes im klaren sein: Er widersteht den Stolzen, den Demütigen hingegen gibt er Gnade. Wenn wir demütig sind, erbarmt sich Gott unserer Not und nur diese Gnade kann unser Herz verändern. Die Demut ist folglich die Grundvoraussetzung für eine Veränderung. Sie ist das eigentliche Wesen aller anderen Tugenden.

In unserem Leben werden wir phasenweise mit der Unreinheit unseres Herzens konfrontiert. Der Heilige Geist zeigt uns, wie sündig wir sind, jedoch nicht, um uns zu verdammen, sondern um uns demütig zu machen und uns mehr und mehr vor Augen zu führen, wie sehr wir Gnade brauchen. An diesem Scheidepunkt erwacht der Heuchler oder der Heilige. Wer die Heiligung wählt, erkennt seine Not, fällt vor Gott nieder und bittet um Befreiung. Der Scheinheilige sieht seine Sünde, entschuldigt sie und bleibt unverändert. Auch wenn jeder Mensch einmal an diesem Scheidepunkt steht, werden doch nur wenige der Stimme der Wahrheit Aufmerksamkeit schenken und wenige werden in Demut auf die wahre Heiligkeit zugehen.

Deshalb beginnt die Heiligung nicht mit einem Regelwerk, sondern in einer Absage an unseren Stolz. Der erste Schritt zur Reinheit besteht darin, sich mit Nachdruck zu weigern, vor dem wirklichen Zustand unseres Herzens weiterhin die Augen zu verschließen. Je mehr wir unsere Not erkennen, desto demütiger werden wir und daraus wiederum wächst die echte Heiligkeit.

Wenn wir uns der Verderbtheit unseres Herzens nicht bewußt sind, werden wir zu »christlichen Pharisäern«, zu hochmütigen und selbstgerechten Heuchlern. Hat nicht unser Meister selbst vor denen gewarnt, die »...auf sich selbst vertrauten, daß sie gerecht seien, und die übrigen für nichts achteten...« (Lk 18,9)? Wenn wir einen anderen Christen richten, zeugt das von Selbstgerechtigkeit. Wenn wir eine andere Gemeinde kritisieren, steht eigentlich Verachtung hinter unseren Worten. Die Ironie des Christentums liegt darin, daß so viele Gemeinden einander mit dem absolut gleichen Gefühl der Überlegenheit begegnen!

In den heutigen Gemeinden wimmelt es nur so von Christen, die glauben, sie seien heilig und doch das genaue Gegenteil davon darstellen, weil sie keine Demut kennen!

Doch die Demut, nach der wir streben, stammt aus einer Quelle, die viel tiefer liegt als das bloße Bewußtsein unserer Not. Auch in Zeiten des geistlichen Überflusses sollen wir uns über unsere Schwachheit freuen, weil wir wissen, daß alle Kraft allein aus Gottes Gnade kommt. Demut heißt viel mehr, als ein stolzes Leben gelegentlich durch Phasen der Selbsterniedrigung zu unterbrechen. Sanftmut muß unser Lebensstil werden. Wie Jesus sollen wir unsere Freude daran haben »...von Herzen demütig...« zu werden. Gemäß dem Vorbild Jesu entscheiden sich auch seine Jünger für die Demut.

Jeder kann richten, aber können Sie retten?

Die Hauptbeschäftigung der Heuchler ist das Richten; es gibt ihnen ein Gefühl der Überlegenheit. Sie sollen jedoch nicht so sein. Sie sollen aufrichtig nach der Demut des Herzens suchen. Viele eifrige aber stolze Christen konnten die Heiligkeit nicht erlangen, weil sie annahmen, zum Richten berufen zu sein. Jesus Christus kam nicht, die Welt zu verdammen, sondern zu retten. Jeder kann richten, aber wer kann retten? Wer kann in Liebe, im Glauben und in der Fürbitte sein Leben hingeben für die, die gerichtet werden? Wer kann sich aufmachen, eine Not zu lindern? Wer will fasten und beten und Gott bitten, Abhilfe zu schaffen anstatt zu richten? Wer kann aus der Liebe heraus im Gebet verharren, bis dieser dürre Baum wieder blüht? Christus möchte, daß all das zu unserem Lebensstil wird!

Wer richtet, braucht lediglich eine fleischliche Gesinnung und zwei Augen. Wer befreien und retten will, braucht jedoch die Liebe und Treue Christi. Eine einzige unserer Handlungen, durch die sich die Liebe Christi offenbart, kann Herzen mehr erwärmen als all unsere aufgebauschte Kritik. Wachsen Sie also in der Liebe, übertreffen Sie einander an Gnade und Sie werden einen tieferen Einblick in die Heiligkeit gewinnen, die Gottes Wesen ist.

Man mag dem entgegenhalten, daß Jesus aber die Sünde verurteilte. Das stimmt, und auch wir verurteilen die Sünde; doch die Sünde, die wir zuerst verurteilen müssen, ist andere zu richten, denn dadurch wird uns der Blick auf unsere eigene Sünde verwehrt! (Mt 7,5) Wir werden nicht heilig, indem wir andere kritisieren; auch wird keiner näher zu Gott kommen, indem er die Fehler anderer an die große Glocke hängt!

Wenn wir aufrichtigen Herzens unserer Heiligung nachjagen, werden wir bald erkennen, daß wir gar keine Zeit mehr haben, andere zu richten. Vielmehr werden wir eifrig nach Gelegenheiten suchen, in denen wir anderen unsere Gnade erweisen können, weil wir selbst Gnade brauchen.

Ja, die Schrift sagt uns, daß Jesus die Menschen in bestimmten Situationen verurteilte; sein Motiv war jedoch immer, die Menschen zu retten. Er liebte die Menschen, die er richtete. Wenn wir einander so lieben, daß wir wie Christus sagen können, daß wir einander nie verlassen werden, wird unsere Unterscheidungsgabe immer vollkommener; denn nur die Liebe allein vermag uns die Einsicht zu geben, die für ein Urteil notwendig ist (1.Joh 4,16-17).

Möchten Sie noch immer die Fehler anderer mit der Lupe

suchen? Geben Sie acht, denn Jesus erwartet viel von dem, der verurteilen will:

»Wer von euch ohne Sünde ist, werfe zuerst den Stein…« (Joh 8,7). Erheben Sie vielmehr Ihre Stimme gegen die Ungerechtigkeit, aber lassen Sie sich dabei von der Liebe Jesu leiten. Es steht geschrieben: »Gott aber erweist seine Liebe gegen uns darin, daß Christus, als wir noch Sünder waren, für uns gestorben ist« (Röm 5,8).

Im Reich Gottes ist es uns erst dann gestattet, andere zu richten, wenn wir bereit sind, für sie zu sterben.

Weiterhin ist es wichtig zu verstehen, daß die Ohren, die üblem Geschwätz oder Kritik bereitwillig zuhören, genauso schuldig sind, wie der Mund, aus dem es kommt. Tragen Sie nicht Ihr Scherflein zu solchen Sünden bei. Verbieten Sie vielmehr dem Ankläger den Mund und bewegen Sie ihn dazu, wie Jesus für diese spezielle Person oder Situation Fürbitte zu leisten. Ihre Ohren sind heilig; lassen Sie sie nicht an den Worten des Verklägers der Brüder Gefallen finden (Offb 12,10).

Jesus verurteilte nicht die Sünder, sondern die Scheinheiligen. Er reihte sich selbst unter die Sünder ein und trug unsere Sünden und Schmerzen (Jes 53). So eine Demut suchen auch wir. Die Heiligkeit strahlt hell im Leben der Demütigen und Sanftmütigen.

Kapitel 2

Finden sie Gott!

Ein Faktor verhindert die geistliche Blüte der meisten Gemeinden: Sie müssen Gott erst noch finden.

Heiligkeit wächst, wenn man die Ehre des Herrn sucht

»Wie könnt ihr glauben, die ihr Ehre voneinander nehmt und die Ehre, die von dem alleinigen Gott ist, nicht sucht?« (Joh 5,44).

Können wir ehrlichen Herzens sagen, wir wandeln mit dem Lebendigen Gott, wenn wir unser geistliches Leben zur Schau stellen, um andere damit zu beeindrucken, wenn wir von anderen geehrt werden wollen und nur dafür leben, gerecht dazustehen oder uns mit einer speziellen »Salbung« in den Mittelpunkt zu rücken? Wir stehen in einer richtigen Beziehung zu Gott, wenn wir so sehr auf seine Ehre bedacht sind, daß wir das Lob der Menschen hinter uns lassen.

Wie schnell verblaßt der Ruhm der Menschen im Licht Christi! So wie Jesus die Echtheit des Glaubens der Pharisäer herausforderte, so fordert er auch uns heraus: »Wie könnt ihr glauben, die ihr Ehre voneinander nehmt…?«

Wenn wir nur für das Lob und die Ehre von Menschen leben, haben wir unser Glück auf die zerbrechlichste aller Grundlagen gebaut! Auf das Lob der Menschen können wir nicht bauen; wir können nicht sicher sein, daß uns die, die uns heute hochloben, morgen nicht einfach fallen lassen! Denken Sie daran: Schon ein paar Tage nachdem die Lyakoner versucht hatten Paulus anzubeten, gratulierten sie sich gegenseitig zu seiner Steinigung! (Apg 14,11-19) Oder war es nicht dieselbe Stadt, die Jesus mit Liedern als »König sanftmütig und auf einer Eselin reitend« (Mt 21,5-9) willkommen hieß, in der zwei Wochen später der Ruf gellte: »Kreuzigt ihn!« ? Wer das Lob und die Anerkennung der Menschen sucht, wird wie auf hohen Wellen hin- und hergeworfen!

Wir müssen uns selbst fragen, ob wir unsere eigene oder Gottes Ehre suchen. Jesus sagte: »Wer aus sich selbst redet, sucht seine eigene Ehre...« (Joh 7,18a). Versucht nicht der, der aus und über sich selbst redet, das Lob von Menschen zu erbitten, das allein Gott gebührt? Wenn wir unsere eigene Ehre suchen, fallen wir Hals über Kopf in Eitelkeit und Täuschung. Doch Jesus sprach weiter: »...wer aber die Ehre dessen sucht, der ihn gesandt hat, der ist wahrhaftig, und Ungerechtigkeit ist nicht in ihm«(Joh 7,18b). Die Herzenshaltung, die Jesus aus einer aufrichtigen Gesinnung heraus handeln ließ, muß auch zu unserem Standard werden. In dem Maß wie wir die Ehre Gottes suchen, sind auch unsere Motive richtig! In dem Maß wie wir beständig die Ehre dessen suchen, der uns gesandt hat, schleicht sich auch keine Ungerechtigkeit in unser Herz ein!

Deshalb wollen wir beständig die Ehre Gottes suchen, bis wir ihn finden. Wenn wir das Wesen Christi betrachten, wenn wir ihn sehen, »verwerfen« wir uns selbst wie Hiob und »bereuen in Staub und Asche« (Hi 42,1-6). Wenn wir in seine Herrlichkeit eintauchen, werden wir davon gereinigt, Ruhm vor den Menschen zu suchen.

Wenn wir ihn wirklich finden, wird uns keiner mehr erklären müssen, wie man demütig wird. Keiner wird uns davon überzeugen müssen, daß unser altes Kleid nur ein schmutziger Lumpen ist. Wenn wir in Wahrheit Gott finden, werden uns die Dinge, die unter den Menschen so hoch geachtet sind, ein Greuel sein (Lk 16,15).

Was könnte wichtiger sein, als Gott zu finden? Nehmen Sie sich einen Tag, eine Woche, einen Monat Zeit und suchen Sie ihn; verharren Sie, bis Sie ihn gefunden haben. Er hat verheißen: »Und sucht ihr mich, so werdet ihr mich finden, ja, fragt ihr mit eurem ganzen Herzen nach mir, so werde ich mich von euch finden lassen…« (Jer 29,13). Finden Sie Gott und verpflichten Sie sich, ihr Leben lang zu seiner Ehre zu leben. Wenn Sie ihn berühren, wird etwas in Ihnen lebendig werden, etwas Ewiges, jemand Allmächtiger! Sie werden danach trachten, die Menschen aufzuerbauen, anstatt nur auf sie herunterzublicken. Sie werden in der Gegenwart Gottes leben. Und Sie werden heilig sein, denn Er ist heilig.

Kapitel 3

Das Zelt der Begegnung

»Mein Herz erinnert dich: 'Suchet mein Angesicht!' – Dein Angesicht, Herr, suche ich« (Ps 27,8).

(König David)

Zeit, um den Herrn zu suchen

Zu bestimmten Zeiten reißt uns der Herr aus unserer alltäglichen Routine heraus. In diesen besonderen Zeiten lautet sein einziges Gebot: »Suchet mein Angesicht«. Er hält etwas Wertvolles und Lebensnotwendiges für uns bereit, das wir durch unsere tägliche »stille Zeit« nicht empfangen können. In solchen Phasen erfahren Christen oftmals Befreiung von Sünden, die sie schon seit Jahren geplagt hatten; andere entdecken eine Tiefe in ihrer Beziehung zu Gott, die ihren Dienst und ihr Gebetsleben effektiver macht; wieder andere erleben einen Durchbruch in verfahrenen Beziehungen und können von Gott gebraucht werden, um Familienmitglieder ins Reich Gottes zu führen.

Dennoch suchen wir in unserem Fall Gott nicht wegen anderer Menschen oder Dinge. Wir suchen Gott um seiner selbst willen. Geistliche Reife beginnt dort, wo wir diese Gewohnheit durchbrechen, Gott immer nur in schweren Zeiten zu suchen; die Heiligkeit nimmt dort ihren Anfang, wo wir Gott um seiner selbst willen suchen. Die Gegenwart Gottes kurz aufleuchten zu sehen ist eine wunderbare Erfahrung; doch wir möchten mehr als nur eine Erfahrung, mehr als »Gänsehaut und Tränen«.

Wir trachten danach, mit Christus zu wohnen und uns

seiner Fülle und herrlichen Gegenwart in uns ständig bewußt zu sein.

Wie betreten wir diesen heiligen Ort? Wenn wir das Leben Mose studieren sehen wir, wie er Gott suchte und in Gemeinschaft mit ihm lebte.

»Mose nun nahm (jeweils) das Zelt und schlug es sich außerhalb des Lagers auf, fern vom Lager für sich, und nannte es: Zelt der Begegnung. Und es geschah, jeder, der den Herrn suchte, ging zum Zelt der Begegnung außerhalb des Lagers hinaus« (2.Mo 33,7).

Beachten Sie: »Jeder, der den Herrn suchte, ging…hinaus«. Wenn wir Gott aufrichtig suchen, müssen wir wie Mose und die, die den Herrn suchten, »hinausgehen«. Wir müssen unser Zelt »außerhalb des Lagers« aufschlagen. Um welches Lager handelt es sich hier? Für Mose, wie auch für uns, ist dies das »Lager der Vertrautheit«.

Sind also die Dinge, die uns vertraut sind, dem Wesen nach sündig oder falsch? Nein, nicht ihrem Wesen nach, doch denken Sie daran, daß Jesus die Jünger aufforderte, die Vertrautheit ihres täglichen Lebens für längere Zeit aufzugeben, mit ihm allein zu sein und ihm auf diese Weise nachzufolgen (Mt 19,27; Lk 14,33). Warum? Weil Jesus wußte, daß die Menschen unbewußt von den Dingen beeinflußt werden, die ihnen vertraut sind. Wenn er uns ins Weite führen will und möchte, daß wir die Ewigkeit erreichen, muß er uns von den Fesseln des Zeitlichen befreien.

Das heißt freilich nicht, daß wir unsere Familien vernachlässigen, oder unverantwortlich handeln sollen, wenn wir Gott suchen. Nein. Gott hat jedem von uns genügend Zeit gegeben, um ihn zu suchen. Sie steht uns zur Verfügung. Wenn wir alles getan haben, was uns die Liebe zu unserer Familie aufgetragen hat, sollen wir uns danach nur noch auf Gottes Stimme konzentrieren. Wir müssen die Zeit auskaufen: Streichen Sie ihre Hobbies, sehen Sie nicht fern, legen Sie die Zeitschriften beiseite. Wer Gott suchen will, findet auch Zeit dafür.

Es ist schon traurig, daß sich viele Christen kein höheres Ziel gesteckt haben, als »normal« zu werden. Ihr Streben beschränkt sich darauf, mit den anderen mithalten zu können. Ohne eine klare Vision Gottes werden wir unweigerlich geistlich zugrundegehen! Paulus tadelte die Gemeinde in Korinth, weil sie »nach Menschenweise« (1.Kor 3,3) wandelte. Gott hat ein höheres Ziel für uns, als uns nur zu besseren Menschen zu machen; er möchte unser Leben mit derselben Kraft durchfluten, die auch Jesus von den Toten auferweckt hat!

Es ist wichtig zu verstehen, daß Gott keine »normalen« Menschen will, sondern vielmehr Menschen, die wie Christus sind!

Um es dem Heiligen Geist zu ermöglichen, Gottes Ziele in unserem Leben zu realisieren, müssen wir sowohl unsere Vorstellung dessen, was »real« ist, als auch unsere Prioritäten neu definieren. Es muß unser wichtigstes Ziel sein, Christus ähnlich zu werden.

Was real ist und folglich auch Sicherheit geben kann, basiert für viele Menschen auf den Dingen, die ihnen vertraut sind. Es ist höchst schwierig, geistlich wachsen zu wollen, wenn unsere Sicherheit lediglich auf der Stabilität von Äußerlichkeiten beruht! Unsere Sicherheit muß im Herrn allein begründet sein, nicht in Umständen oder Beziehungen. Ein echtes christliches Verständnis der Realität basiert auf Christus allein. Auf dieser Grundlage wächst eine ewige Sicherheit in allen anderen Dingen des Lebens.

Doch unsere zahlreichen Ängste sind tief verwurzelt. Die meisten von uns wenden im Leben tatsächlich ihre ganze Kraft auf, um die Dinge zu beschützen, die ihnen vertraut sind. Die Erfahrung zeigt uns, daß viele lebendige Christen in toten Gemeinden bleiben, weil sie die Sicherheit, die ihnen die vertrauten und altbekannten Geschwister geben, mehr brauchen als die Wahrheit Christi. Ja, es werden sogar Menschen, die von Widrigkeiten befreit wurden, erneut in die alten Schwierigkeiten hineingezogen. Warum? Weil ihnen diese Widrigkeiten einfach vertraut sind. Denken Sie nur daran, daß viele Strafgefangene nur deshalb Wiederholungstäter sind, weil ihnen das Gefängnisleben einfach vertrauter ist als die Freiheit. Entspricht es etwa nicht der Realität, daß junge Mädchen, die von ihren Vätern mißbraucht wurden, oftmals dazu tendieren, solche Männer zu heiraten, von denen sie schließlich genauso mißbraucht werden, wie damals von ihren Väter? Sie irrten ziellos durchs Leben und suchten etwas Vertrautes. Es ist auch bezeichnend, daß die meisten Menschen weltweit nicht weiter als 70 Kilometer von ihrem Geburtsort entfernt wohnen.

Die Menschen werden durch die Vertrautheit mit Dingen oder Menschen von einer Veränderung förmlich abgeschottet. Wenn wir jeden Tag arbeiten, heimkommen, uns vor den Fernseher setzen und dann völlig erledigt ins Bett fallen, wird dieser Lebensstil schließlich zu einer Fessel, die uns bindet. Dieser Trott verstrickt uns nicht notwendigerweise im gleichen Maße in Sünde, wie er uns von Gott fernhält.

Mose ließ alles, was ihm vertraut war, hinter sich, und schlug sein Zelt »außerhalb des Lagers« auf, wo er dann den Herrn suchte. »Darum hat auch Jesus, um das Volk durch sein eigenes Blut zu heiligen, außerhalb des Tores gelitten. Deshalb laßt uns zu ihm hinausgehen, außerhalb des Lagers, und seine Schmach tragen. Denn wir haben hier keine bleibende Stadt, sondern die zukünftige suchen wir« (Hebr 13,12-14).

Genauso wie Mose und die, die den Herrn suchten, und auch genauso wie Jesus »aus dem Lager hinausging«, müssen auch wir manchmal das Lager des Normalen und Voraussehbaren verlassen und Gott suchen. Wir haben hier keine bleibende Stadt, sondern die zukünftige suchen wir.

Das ist ein Grund weshalb Jesus sagte: »Wenn du aber betest, so geh in deine Kammer, und nachdem du deine Tür geschlossen hast, bete…« (Mt 6,6). Christus möchte, daß wir unsere vertraute Umgebung, die uns nur ablenkt, verlassen, in der Welt unseres Herzens wohnen, und uns dessen bewußt sind, daß Gott zu finden das höchste Ziel des Gebets ist.

Jede Minute, in der Sie Gott suchen, wird von ihm mit neuem Leben und neuer Kraft erfüllt. Halten Sie sich ein Minimum an Zeit frei – eine oder zwei Stunden pro Tag – jedoch mit offenem Ende, denn vielleicht möchte der Herr, daß Sie ihn bis in die Nacht hinein suchen. Machen Sie weiter so Tag für Tag und Woche für Woche, bis Sie so nahe bei Gott sind, daß Sie seine Stimme hören und genauso sicher sein können, daß er auch Ihr Flüstern hört.

Wenn wir heilig werden wollen, müssen wir das einengende und einschränkende Verlangen, ein Leben wie Jedermann zu führen, durchbrechen. Wir werden uns dafür entscheiden, das Lager der Vertrautheit zu verlassen, um unser Zelt in der Gegenwart Gottes aufzuschlagen.

Kapitel 4

Zwei Dinge, nur zwei Dinge

Wir beschäftigen uns mit so vielen Dingen: so viele Bücher, so viele Beispiele, so viele gute Lehren verlangen unsere Aufmerksamkeit und sagen: »Hierin liegt eine Wahrheit!«. Doch in meinem Dienst vor Gott in den letzten Jahren führte er mich dahin, zwei Dinge zu suchen, nur zwei Dinge: in Christus Gottes Herz zu kennen und im Licht Christi mein eigenes Herz zu kennen.

Das Herz Gottes kennen

Ich habe den Herrn gesucht, habe versucht, ihn und seine tiefe Liebe zu seinem Volk kennenzulernen. Ich möchte das Herz Christi kennen und das Erbarmen, das hinter all seinen Taten steht. Die Schrift ist hier sehr deutlich: Jesus liebte die Menschen. Im Markusevangelium lesen wir, daß die Menschen hungrig wurden, nachdem Jesus vor ihnen gelehrt und sie geheilt hatte. In seinem Erbarmen sah Christus sie »wie Schafe, die keinen Hirten haben« (Mk 6,34). Es war ihm nicht genug, sie nur zu lehren oder zu heilen; er sorgte sich um jeden einzelnen von ihnen. Ihr körperliches Wohlergehen, also auch daß sie etwas zu essen bekommen, war ihm wichtig. Die fünf Brote und die zwei Fische eines kleinen Jungen reichten Jesus aus, um wiederum ein Wunder zu wirken; dieses Wunder geschah, weil Jesus es wollte, auch wenn er völlig erschöpft war. Erinnern Sie sich: Jesus ging mit seinen Jüngern an diesen Ort um auszuruhen, »...denn derer, die kamen und gingen, waren viele, und sie fanden nicht einmal Zeit, um zu essen« (Mk 6,31). Denken

Sie daran: Jesus selbst wollte eigentlich beten und gestärkt werden. Denn Johannes der Täufer, der Vorläufer Jesu, war in diesen Tagen auf Geheiß des Herodes enthauptet worden. Jesus speiste die Menschenmenge, obwohl er körperlich und emotionell völlig erschöpft war – nicht nur einmal oder zweimal, sondern immer und immer wieder »... und gab sie (die Brote und die Fische) den Jüngern, damit sie ihnen vorlegten...« (Mk 6,41). Tausende von Menschen »aßen alle und wurden gesättigt«! Das ist das Herz Jesu! Das Wunder galt den Menschen; wir lesen von keinem Wunder, das Jesus selbst gedient hätte, nur von dieser heiligen und wunderbaren Liebe, die immer wieder mit erschöpften Händen immer mehr Brote und Fische austeilte. Obwohl dieses Wunder Jesus nur noch mehr erschöpfte, gab er doch den anderen, um sie zu stärken!

Jesus liebt die Menschen – alle Menschen und ganz besonders die, die am Rande der Gesellschaft leben. Deshalb muß ich genau wissen, wie weit er mit den Menschen geht, denn genauso weit wird er auch durch mich gehen! Ich muß wissen, wie er über Krankheit, Armut und Leid denkt! Als Diener bin ich für ihn unbrauchbar, wenn ich davon keine Ahnung habe. Wenn ich seinen Willen tun soll, muß ich auch sein Herz kennen. Deshalb strebe ich in meinem Bibelstudium und in meinem Gebet nach mehr als der bloßen Erkenntnis; ich suche das Herz Gottes.

Unser eigenes Herz kennen

Je näher ich Gott komme, desto mehr beginnt auch das Feuer seiner Gegenwart, die Tiefen meines Seins zu reinigen. Im Überfluß seines Reichtums wird meine Armut offenbar. Der Psalmist schrieb: »Wer darf hinaufsteigen auf den Berg des Herrn und wer darf stehen an seiner heiligen Stätte? Der unschuldige Hände und ein reines Herz hat, der seine Seele nicht auf Falsches richtet und nicht schwört zum Betrug« (Ps 24,3-4).

Wenn in unserem Herzen noch Lug und Trug ist, können wir den Berg des Herrn nicht finden, geschweige denn hinaufsteigen. Wie können wir an Gottes heiliger Stätte Dienst tun, wenn unser Herz unrein ist? Nur wer ein reines Herz hat, wird Gott erkennen. Auf den Berg des Herrn hinaufzusteigen bedeutet, mit der Wahrheit konfrontiert zu werden, die wie ein Ofen glüht und unsere betrügerische Gesinnung wie Schlacke absondert. Um an der heiligen Stätte bleiben zu können, müssen wir aufrichtig sein, auch wenn uns eine Lüge scheinbar retten würde. Jeder Schritt bergauf ist ein Schritt, der unsere Seelen durchsichtiger macht und uns einen besseren Einblick in die Regungen unseres Herzens gibt.

Wir folgen dieser göttlichen Berufung nach oben (Phil 3,14). Dennoch ist uns verborgen, wie sich unsere Seele in Finsternis und Angst einigelt und in ihrer Scheinwelt der Halbwahrheiten lebt. Doch diesen inneren Menschen, die Seele will Gott retten. Haben Sie Ihren inneren Menschen, den nur die Wahrheit allein befreien kann, schon gesehen? Ja, wir streben nach Heiligkeit, doch die wahre Heiligkeit beginnt hier in den verborgenen Winkeln unseres Herzens. Wahrhaftigkeit führt zu Heiligkeit! Gott, schenke uns einen Eifer für die Wahrheit, damit wir an Deiner heiligen Stätte stehen dürfen!

In allen möglichen Bereichen geben die Menschen vor, die »Wahrheit« zu kennen und dennoch führen sie kein heiliges und vollmächtiges Leben. Die Wahrheit muß aus mehr bestehen, als nur aus überlieferten Lehren; sie muß mehr sein, als ein Museum voll mit religiöser Kunst, mit Andenken an Gottes frühere Wege. Wahrheit bedeutet, Gottes Herz zu erkennen, so wie es uns Christus offenbart hat, und unser eigenes Herz im Licht der Gnade Gottes zu erkennen.

Die Unwissenheit umgibt den Menschen wie ein Schleier. Wir kennen doch kaum die Welt um uns; wieviel weniger kennen wir unser Herz. Ohne es zu wissen, suchen wir auch nach unserem eigenen Herzen, wenn wir Gottes Herz suchen. Denn erst wenn wir ihn finden, werden wir uns selbst erkennen; wir sind »in ihm«.

Und auf dieser Suche lege ich mein Herz vor Gott und bete mit bebendem Herzen das Gebet Davids: »Erforsche mich Gott, und erkenne mein Herz. Prüfe mich und erkenne meine Gedanken! Und sieh, ob ein Weg der Mühsal bei mir ist, und leite mich auf dem ewigen Weg!« (Ps 139,23-24)

Wir müssen die ungeschminkte Wahrheit über unser Herz erkennen. Ich weiß, daß Gott uns für die Ewigkeit in Christus vollständig und vollkommen geschaffen hat. Ich glaube das. Doch in den ersten drei Kapiteln der Offenbarung sagte Jesus den Gemeinden nicht, daß sie »in seinen Augen vollkommen« seien. Nein! Er offenbarte ihnen ihr Herz; er zeigte ihnen ihre Sünden. Kompromißlos forderte er von jeder Gemeinde in ihrer speziellen und schwierigen Situation, daß sie überwinde. Genau wie sie, müssen auch wir unsere Not erkennen. Und wie in ihrem Fall wohnen die Seelen, die wir retten wollen, auch in einer ruinierten Welt, die ein Netz aus Lügen und Illusionen umspannt. Unser alter Mensch ist wie ein bequemer Schuh, in dem wir uns wohlfühlen; wir können auf der Stelle wieder unserem Fleisch gehorchen, ohne es zu bemerken. Die Feinde, die uns besiegen, lauern verborgen in uns! Der Heilige Geist muß die Feinde erst demaskieren, bevor wir sie besiegen können!

Über das Herz des Menschen schrieb der Prophet Jeremia: »Trügerisch ist das Herz, mehr als alles, und unheilbar ist es. Wer kennt sich mit ihm aus?« (Jer 17,9) In einem weiteren Gebet Davids hören wir eine ähnliche Klage: »Verirrungen – wer bemerkt sie? Von den verborgenen (Sünden) sprich mich frei! Auch von Übermütigen halte deinen Knecht zurück; laß sie mich nicht beherrschen! Dann bin ich tadellos und bin rein von schwerem Vergehen« (Ps 19,13-14).

Vielleicht folgen wir einem Irrtum des Herzens, ohne es zu bemerken. Erkennen wir zum Beispiel, wie viele unserer Handlungen von Eitelkeit oder dem Verlangen, von anderen akzeptiert zu werden, motiviert sind? Sind wir uns der Ängste und Sorgen bewußt, die viele unserer Entscheidungen unbemerkt beeinflussen? Wir haben vielleicht wirklich schwerwiegende Probleme, sind jedoch zu stolz oder zu unsicher, um uns unsere Hilfsbedürftigkeit einzugestehen. Was uns selbst betrifft, halten wir das so hoch, was wir so wenig kennen! Wir wissen vielleicht, wie wir am besten in die Kamera grinsen; doch wissen wir wirklich, wie wir aussehen, wenn wir lachen oder weinen, wenn wir essen oder schlafen, wenn wir sprechen oder zornig sind? Die meisten von uns wissen tatsächlich nicht, wie wir auf andere wirken; noch viel weniger wissen wir, wie unser Innerstes vor Gott dasteht! Unsere sündigen Denkschemata finden für alle Handlungen automatisch eine Rechtfertigung und für alle Gedanken eine Erklärung. Ohne den Heiligen Geist sind wir unserem angeborenen Hang zur Selbsttäuschung fast völlig schutzlos ausgeliefert!

Wenn wir also heilig sein wollen, müssen wir uns zunächst von jeder Art der Täuschung distanzieren. Im Licht der Gnade Gottes, durch den Glauben gerechtfertigt und im Opferblut Jesu gereinigt, brauchen wir nicht vorgeben, gerecht zu sein. Wir müssen lediglich wahrhaftig werden.

Wer ein aufrichtiges Herz hat, wird nicht verdammt; es gibt für ihn keine Strafe. Wir müssen nur Buße tun und unsere Sünden bekennen, um Vergebung und Reinigung zu erlangen. Wir müssen lediglich die Wahrheit lieben und annehmen, um von Sünde und Selbsttäuschung frei zu werden. Wir müssen zwei Dinge und nur zwei Dinge kennen: Gottes Herz in Christus, und unser eigenes Herz im Licht Christi.

Teil 2

Der Geist der Gnade

Wir streben nach einem Grad der Heiligung, in der die Herrlichkeit Gottes in unserem Leben sichtbar wird. Um unser Ziel zu erreichen, müssen wir nicht nur diese Wahrheit ergreifen, sondern auch den Weg dorthin: Der Weg zur Heiligkeit ist die Gnade, oder mit den Worten Jonathan Edwards', eines Erweckungspredigers des 18. Jahrhunderts, ausgedrückt: »Gnade ist der Anfang der Herrlichkeit und Herrlichkeit ist die vollkommene Gnade«.

Kapitel 5

Wenn Christus offenbar wird

Wenn Sie eine Lehre hören und dabei das Gefühl haben, daß Sie in Ihrem Zustand das Gehörte ja doch nie erreichen werden, haben Sie nur die Hälfte der Botschaft verstanden. Sie haben die Gnade überhört, die immer im Herzen von Gottes Wahrheit wohnt. Wahrheit ohne Gnade ist nur eine Halbwahrheit. Denken Sie immer daran: »Die Gnade und die Wahrheit ist durch Jesus Christus geworden« (Joh 1,17). Was Gottes Wahrheit fordert, wird durch seine Gnade möglich.

Von der Erkenntnis zur Erfahrung

»Als aber Simon Petrus es sah, fiel er zu den Knien Jesu nieder und sprach: Geh von mir hinaus, denn ich bin ein sündiger Mensch, Herr« (Lk 5,8).

Auch wenn wir vor anderen noch so deutlich erklären, daß wir uns eine enge Beziehung zu Jesus wünschen, fügen die meisten von uns doch insgeheim hinzu: »aber nicht zu eng, und auch nicht so oft.« Wenn der lebendige Christus in unser Leben kommt, ist es ganz natürlich, daß wir von unserem sündigen Wesen förmlich erschlagen werden. Im Lichte seiner Reinheit ruft eine Stimme in uns wie Petrus es tat: »Geh von mir hinaus, denn ich bin ein sündiger Mensch, Herr!«

Obwohl wir angesichts unserer Sünde tief erschüttert sind, erhebt sich doch sogleich unser sündiges Wesen in einem perversen Gegenzug und brüstet sich mit der neuen Erkenntnis! (1.Kor 8,1; 2.Kor 12,7) Wir erhaschen kaum einen Funken der Gnade Gottes und schon prahlen wir vor den anderen wieder mit unserer neuen Erkenntnis, so als ob wir glaubten, daß wir ihm nur so viel gehorchen müßten, wie wir seine Nähe gespürt haben! Wenn es um Heiligkeit geht, sind beide Reaktionen gang und gäbe.

Der Heilige Geist hingegen offenbart Christus weder, um uns zu erschüttern, noch um unser Ego aufzublasen. Der letztendliche Sinn dieser Offenbarung ist der, daß wir zu dem werden sollen, was wir sehen. Wenn wir nämlich die Herrlichkeit Gottes sehen, spiegelt sie sich in unseren Herzen wieder und wir werden – wie Paulus es ausdrückt – »verwandelt in dasselbe Bild…« (2.Kor 3,18).

Christus selbst ist unser verheißenes Land

Auf Ihrem Weg mit dem Herrn wird eine Zeit kommen, in der Christus sich Ihnen so offenbaren wird, wie er wirklich ist (Joh 14,21). So eine Begegnung mit dem lebendigen Gott ist oft schrecklich und alarmierend. Lassen Sie sich nicht von den sogenannten geistlichen Erfahrungen vieler Menschen irreführen, die einen sanften himmlischen Hirten umgeben von Blumengirlanden und pausbäckige Putten beschreiben. Wir suchen den Gott der Bibel! Jeder, der dem Herrn Jesus Christus wirklich begegnet ist, wurde erfüllt von »Furcht und Zittern«. Nirgends in der Bibel finden wir einen Menschen, der in der Gegenwart des verherrlichten Herrn nicht »wie tot« gewesen wäre. Wenn wir von einer Begegnung mit Christus sprechen, ist Ehrfurcht die einzige angebrachte Reaktion (Jes 6; Offb 1; Hes 1; Hi 42; etc.).

Doch der Heilige Geist bereitet uns auf genau diese Begegnung vor. Trotz unserer Schwachheit und Sünde hat Gott einen Weg aufgetan, wie wir mit ihm in seiner Fülle wohnen können. Die Gnade Gottes wirkt in unserem Leben genau auf dieses Ziel hin.

Was das verheißene Land für die Israeliten war, ist Jesus

Christus und das Reich Gottes für uns. Die Juden wurden nicht gerufen, um nur über die Existenz eines verheißenen Landes informiert zu werden, sondern vielmehr um es zu ihrer Heimat, zu ihrer Wohnung zu machen. So werden auch wir als Christen gerufen, in Christus zu wohnen, wo Gott in seinem Reich zu unserer Wohnung wird.

Die Israeliten wurden auf ihrem Weg durch die Wüste durch eine bleibende Hoffnung gestärkt, und dennoch ermöglichte es ihnen die Verheißung allein nicht, ihr Erbteil in Besitz zu nehmen. Eine ganze Generation sah den Tod ihrer Eltern, weil sie sich beklagt und gegen Gott aufgelehnt hatten. Nur wer es gelernt hatte, den Wegen und Geboten Gottes zu gehorchen, konnte das Land tatsächlich einnehmen und sein Erbteil in Besitz nehmen. Genauso ist auch unser Christentum oft nur eine Sammlung von leidvollen und frustrierenden Erfahrungen, bis wir Jesus Christus wirklich »besitzen«, d.h. wohnen, wo er wohnt und zum Leben in seinem Reich ausgebildet werden. In dieser Zeit der Vorbereitung werden nur wenige auserwählt, wenngleich auch viele berufen sind.

Warum dürfen nur so wenige das Land einnehmen? Weil ein »Auszug« aus unserem Verstand in Richtung Herz nur möglich ist, wenn wir uns selbst gegenüber ehrlich sind. Die Sünde, die Verdammnis und die Unkenntnis sind die Riesen, denen wir uns stellen müssen und die es zu besiegen gilt. Und mit den Kosten verhält es sich wie bei jeder anderen Reise auch: Es kostet bei weitem mehr, tatsächlich zu reisen und fremde Gefilde zu sehen, als über die Schönheiten des Landes nur in einem Buch nachzulesen. Noch dazu müssen wir uns darüber im klaren sein, daß die Masse der Leute jeden entmutigen wird, der ernsthaft auf die Erfüllung von Gottes Verheißungen harrt, weil sie sich selbst vor der Schlacht und den Kosten fürchtet. Deshalb müssen wir die Warnung Jesu ernst nehmen: »Denn eng ist die Pforte und schmal der Weg, der zum Leben führt, und wenige sind, die ihn finden« (Mt 7,14).

Das Reich Gottes wird offenbar

Wenn sich das Reich Gottes vor unserer Seele öffnet, erscheint es immer unfaßbar und für uns unerreichbar. So wirkt die Wahrheit auf uns. Doch tritt im Reich Gottes die Wahrheit nie alleine auf. Die Höhe der Wahrheit Gottes hält sich mit der Tiefe seiner Gnade die Waage. Wie es geschrieben steht: »...die Gnade und die Wahrheit ist durch Jesus Christus geworden« (Joh 1,17b). Auch wenn uns der Heilige Geist »...in die ganze Wahrheit...« (Joh 16,13-14) leiten soll, wird doch jeder unserer Schritte von der Gnade getragen.

Gott offenbart sich Schritt für Schritt. Zum Zeitpunkt unserer Bekehrung »sehen« wir das Reich Gottes nur von weitem. Wir wissen, daß wir in den Himmel kommen, wenn wir sterben. Doch Jesus sagte Nikodemus, er werde das Reich Gottes nicht nur »sehen«, sondern jeder, der aus Wasser und Geist geboren ist, wird in das Reich Gottes auch »eingehen« (Joh 3,3-5). Bei unserer Bekehrung sehen wir das Reich Gottes und wenn wir von dort aus weitergehen, werden wir darin eingehen.

Wenn wir also das Reich Gottes haben wollen, müssen wir Verhaltensweisen an den Tag legen, die unter den meisten Christen nicht üblich sind. Wenn sich der Horizont unserer geistlichen Erkenntnis weitet, dürfen wir uns nicht einfach damit zufrieden geben. Denn jede Offenbarung Christi ist wie eine offene Tür, durch die wir gehen sollen.

Doch wollen wir unsere Augen vor dem Standard der Wahrheit, die sich vor uns öffnet, nicht verschließen. Im Altgriechischen gibt es kein Wort für »Realität«. »Wahrheit« und »Realität« waren dem Wesen nach gleich. Wenn uns nun der Heilige Geist in »...die ganze Wahrheit...« führen soll, dann bedeutet das eigentlich in die Fülle der Realität Gottes (Eph 3,19).

Doch die Realität Gottes trifft uns wie ein Schlag! Petrus brach nicht unter der Macht einer »religiösen Erkenntnis«, die ihn überführte, zusammen, sondern er begegnete der

Realität Jesu Christi! Auf der Straße nach Damaskus wurde Paulus nicht durch eine »neue Lehre« niedergeschmettert und geblendet – er begegnete der Realität Jesu Christi! Als Johannes auf Patmos den verherrlichten Herrn sah, war es keine »neue geistliche Einsicht«, die ihn wie tot daliegen ließ – er sah Jesus Christus!

Genauso trachten auch wir danach, in der Gegenwart GOTTES zu wohnen; es geht nicht um die vier Buchstaben des Wortes »Gott«, sondern um die reale Person des Allmächtigen Gottes.

Wir suchen den lebendigen Gott, dessen Verheißung lautet: »...fragt ihr mit eurem ganzen Herzen nach mir, so werde ich mich von euch finden lassen...« (Jer 29,13). Wenn diese Offenbarung des Ewigen in uns förmlich explodiert, beginnt das Zeitliche in uns endlich und wahrhaftig zu glauben. Für den Moment dieser Konfrontation mit Christus selbst, müssen wir die Gnade Gottes verstehen.

Das Mittel zum Zweck: GNADE!

Durch die Offenbarung Christi überträgt uns Gott das eigentliche geistliche Wesen Jesu. Jedesmal wenn der Herr offenbar wird, geschehen zwei Dinge: Wir sehen die Wahrheit (die Realität und Reinheit Gottes) in einem Maß, wie es uns früher undenkbar schien und wir sehen auch viel deutlicher als je zuvor, wie notwendig wir Gottes Gnade brauchen.

Im Licht dieser Feststellung möchten wir nun die folgenden Worte Petrus' über die Wiederkunft Christi und deren direkte Auswirkung auf unser Leben genauer betrachten: »Deshalb...hofft völlig auf die Gnade, die euch gebracht wird bei der Offenbarung Jesu Christi« (1.Petr 1,13).

Wenn wir nicht völlig auf die Gnade hoffen, werden wir immer wieder überwältigt und von der Gegenwart Gottes weggerissen. Es ist natürlich, daß unsere Seele in seiner Nähe erzittert, doch sollten wir uns gerade an diesem Punkt daran erinnern, wie gnädig und treu er uns gegenüber ist, damit wir nicht zurückweichen, wenn er uns näher zu ihm ruft.

Wir wollen in allen Dingen völlig auf die Gnade Gottes hoffen. Wenn wir im Glanz seiner Herrlichkeit stehen, wollen wir daran denken, daß das Wesen Gottes die Liebe ist. Wir wollen uns freuen, weil wir zu Jesus gehören. Er selbst nimmt uns nicht als perfekte Menschen auf, sondern als solche, die er befreien will. In seinen Augen sind wir sein verheißenes Land! Die Sünden, die uns demütig gemacht haben, werden ihn nicht demütig machen. Sie sind vielmehr die Riesen, die er überwindet, wenn er Einzug hält, um sich mitten in unserem Herzen eine Ruhestätte und eine Wohnung zu bereiten.

Gott selbst hat uns seinem Sohn als Liebesgabe übergeben. Gott reinigt uns; wir müssen nur diese Reinigung vorbehaltlos zulassen und ihm vertrauen, daß er dieses Werk vollenden kann. Sie können sicher sein, daß Sie von seiner Liebe förmlich gefangen wurden. Weil er Sie liebt, können Sie ehrlich mit Ihren Schwächen umgehen, sich Ihren Ängsten stellen und Ihre Sünden vor den Gnadenthron Gottes bringen. Er wird Sie nicht tadeln, sondern Ihnen vielmehr vergeben.

Gottes eigentliches Ziel in unserem Leben ist, daß Christus in Herrlichkeit in uns offenbar wird; wenn wir dieses Ziel jemals erreichen wollen, müssen wir Schritt für Schritt durch die sich entfaltende Offenbarung gehen, in der sein Leben für uns und unser Leben für ihn durchsichtig wird. Wir werden die Wahrheit Christi, aber auch die Lügen unseres alten Menschen sehen und dennoch nicht niedergeschmettert werden, weil wir im Glauben wissen, daß Gott uns gnädig ist. Aus der Erfahrung heraus werden wir völlig auf die Gnade hoffen, die mit der Offenbarung Christi einhergeht, anstatt zu schaudern und zurückzuweichen, wenn er vor uns steht. Dann werden wir auch dieses Geheimnis gelernt haben, daß durch Gottes Gnade das möglich wird, was seine Wahrheit fordert.

Kapitel 6

»Ihrer Sünden werde ich nicht mehr gedenken!«

Je mehr Erfahrungen wir mit der Gnade Gottes machen, desto größere Fortschritte machen wir in der Heiligung.

Wir müssen die Mauern niederreißen, mit denen uns die Sünde blockiert

Haben Sie schon einmal mit anderen schlecht über einen engen Freund geredet? Haben Sie dann nicht bei Ihrer nächsten Begegnung etwas fast schon Künstliches in Ihrer Freundschaft bemerkt? Sie waren nicht mehr so offen oder ehrlich wie gewöhnlich. Durch Ihre Sünde entstand eine kleine, aber spürbare Kluft zwischen Ihnen. Vielleicht haben Sie sich auch wegen Ihres Verhaltens geschämt, doch solange Sie nicht Buße tun, werden Sie versuchen, den anderen zu meiden – vielleicht noch nicht im direkten Umgang miteinander, zumindest aber mit Ihren Augen und im Herzen. Früher lebten Sie in derselben Welt, doch die Zeiten, in denen einer in dem anderen wie in einem offenen Buch lesen konnte, sind vorbei, das Gefühl, sich in den Gedanken des anderen »zu Hause« fühlen, ist nicht mehr vorhanden. Ohne Buße wird sich diese Kluft vermutlich weiten, bis schließlich die Freundschaft zerbricht. Keiner von Ihnen wird diese Entzweiung verstehen, doch die Liebe, die Sie einst hatten, starb, weil Sie sündigten und nicht Buße taten.

Offenheit und Ehrlichkeit sind tragende Säulen sowohl der Beziehung von Mensch zu Mensch als auch von Mensch zu Gott. Wenn wir gegen ihn sündigen, errichten wir unbewußt eine Mauer zwischen uns und dem Himmel. Wir gehen vielleicht noch immer in den Gottesdienst, doch schleicht sich in uns das Gefühl ein, das alles sei nun so fremd und fast künstlich. Durch die Mauer, mit deren Hilfe wir Gott fernhalten wollen, sperren wir uns letztendlich selbst ein; wir werden – geistlich gesehen – Gefangene unserer Sünde. Stein um Stein wird diese Mauer immer dicker und stärker und schließlich zu einem Bollwerk dämonischer Unterdrückung.

Die Mauern, die wir vor Gott errichten, nehmen die Seele außerhalb der Gegenwart Gottes gefangen; diese äußerliche Finsternis ist die Grundsubstanz der Hölle.

Doch Gottes Liebe ist stark genug, um uns nicht nur von unserer Sünde selbst, sondern auch von den negativen Auswirkungen zu befreien, die die Sünde auf unsere Beziehung zu ihm hat. Die Verheißung lautet: »Ihrer Sünden und ihrer Gesetzlosigkeiten werde ich nicht mehr gedenken« (Hebr 10,17). Jedesmal wenn wir um Vergebung bitten, wird unsere Beziehung zu ihm befreit und erneuert.

Gottes Vergebung ist so allumfassend, daß er unserer Sünden nicht einmal mehr gedenken wird; für jede Sünde, um deren Vergebung wir reuig bitten, hat er schon den Ewigen Preis bezahlt. Er liebt uns so sehr, daß er dafür sorgt, daß sich in unserer Beziehung zu ihm kein Falsch und keine Abgrenzungen einschleichen, während er unsere Herzenshaltung immer vollkommener macht.

Jesus hat den Preis bezahlt

»In ihm haben wir die Erlösung durch sein Blut, die Vergebung der Vergehungen, nach dem Reichtum seiner Gnade, die er auf uns hat überströmen lassen…« (Eph 1,7-8).

Was heißt »Erlösung«? Erlösung ist die »…Begleichung einer Schuld oder Verpflichtung«. Alle unsere Schuldscheine sprachen gegen uns. Wir alle sind Schuldner Gottes, doch Jesus hat für uns die offenstehenden Rechnungen durch seinen Tod am Kreuz beglichen.

»Und als ihr tot wart in den Vergehungen...hat er euch mitlebendig gemacht mit ihm, indem er uns alle Vergehungen vergeben hat; als er (den) uns entgegenstehende(n) (Schuldbrief) in Satzungen, (der) gegen uns war, ausgetilgt, hat er (ihn) auch aus der Mitte weggenommen, indem er (ihn) ans Kreuz nagelte...« (Kol 2,13-14).

In dem Moment als Sie Jesus in Ihr Herz aufnahmen, wurden Sie von allem, was Sie je falsch gemacht hatten, von jedem bösen Gedanken, von jedem zornigen Wort, von jeder Missetat, für die Sie eine Strafe verdient hätten, erlöst; mit seinem Blut hat Jesus voll und ganz dafür bezahlt. Er ist unser Erlöser! Er hat nicht nur für die Sünden, die wir früher begangen haben den Preis bezahlt, sondern auch für jede Sünde, für die wir jetzt um Vergebung bitten! Alle unsere Sünden sind für immer vergeben und vergessen.

In Hebräer 10,14 lesen wir: »Denn mit einem Opfer hat er die, die geheiligt werden, für immer vollkommen gemacht«. Im Kolosserbrief heißt es: »...denn es gefiel der ganzen Fülle (der Gottheit), in ihm zu wohnen und durch ihn alles mit sich zu versöhnen – indem er Frieden gemacht hat durch das Blut seinen Kreuzes...Und euch, die ihr einst entfremdet und Feinde wart nach der Gesinnung in den bösen Werken, hat er aber nun versöhnt in dem Leib seines Fleisches durch den Tod, um euch heilig und tadellos und unsträflich vor sich hinzustellen...« (Kol 1,19-22).

Was das Thema Sünde betrifft, müssen wir das vollendete Werk Christi ergreifen. Durch den Glauben gerechtfertigt, haben wir nun Frieden mit Gott durch unseren Herrn Jesus Christus (Röm 5,1). Aus Gottes ewiger Perspektive sind wir frei von Sünde. Doch hier in Zeit und Ort, und ganz besonders in unseren Gedanken, findet die Sünde noch immer einen zeitlich begrenzten Halt. Doch in seiner großen Liebe reißt Gott selbst die Barrieren nieder, die unsere Sünden zwischen uns und ihm errichtet haben.

Hier ist es jedoch wichtig zu betonen, daß Gott seine Anforderungen an die Heiligkeit nicht heruntergeschraubt hat. Dennoch weiß er, daß wir niemals heilig werden können, wenn wir Angst davor haben, uns ihm zu nähern, weil er allein heilig ist!

Folglich hat er uns durch Jesus vergeben und uns mit ihm versöhnt. Das Opferblut Christi hat die Schulden aller bezahlt, die durch Buße und durch den Glauben an Jesus aufrichtig die Gemeinschaft mit Gott suchen.

Der Herr sprach: »Ich werde der Sünden nicht gedenken«

Wie wenig verstehen wir doch diese ewige Erlösung? Wie oft wird Gott Ihnen vergeben? Wenn Sie ihm wirklich treu nachfolgen, wird er Ihnen die Sünden vergeben, sooft Sie ihn darum bitten. Wird er Ihnen auch die allerschlimmste Sünde vergeben? Ja! Vielleicht müssen Sie mit den Konsequenzen Ihrer Untat leben, doch die erlösende Kraft Gottes ist so gewaltig, daß auch in Ihrer Sünde noch viel Wertvolles gerettet werden kann. Wenn Sie von ganzem Herzen aufrichtig Buße über Ihre Sünde tun, wird Ihnen Gott nicht nur vergeben, sondern vielmehr die Sünde aus seinem Gedächtnis streichen.

Ein Prophet hatte die Gabe, verborgene Dinge im Leben eines Menschen zu offenbaren. Während eines abendlichen Gottesdienstes diente er einem presbyterianischen Pastor und dessen Frau. Durch seine Geistesgabe legte er die Vergangenheit des Ehepaares offen, brachte Licht in ihre gegenwärtige Situation und eröffnete ihnen dann noch, was in Zukunft geschehen werde. Dieses Wirken Gottes beeindruckte das Ehepaar gewaltig; nach einem Monat, als sich die Prophetien erfüllt hatten, nahm der presbyterianische Pastor zwei andere Pastoren, jeweils mit ihren Frauen, zu einem anderen Gottesdienst mit, damit auch ihnen gedient werde.

An diesem Abend sprach der Prophet viele Worte der Erkenntnis, die genau zutrafen; der zweite Pastor und seine Ehefrau staunten über die Exaktheit und Wahrheit dieser prophetischen Gabe. Das dritte Ehepaar trat nach vorne und wieder kamen Worte der Erkenntnis. Der Prophet offenbarte die Vergangenheit, Gegenwart und Zukunft des Mannes. Dann wandte sich dieser Mann Gottes an die Frau des dritten Pastors. Als er über ihre Vergangenheit sprach hielt er plötzlich inne und sagte:

»In Ihrer Vergangenheit gibt es eine sehr schlimme Sünde«.

Der Frau war ihre panische Angst förmlich ins Gesicht geschrieben, sie wurde blaß und schloß die Augen. Die Gemeinde verstummte und alle rutschten auf ihren Sitzen hin und her. Der Prophet fuhr fort: »Und ich fragte den Herrn: 'Welche Sünde hat sie begangen?' Und der Herr antwortete: 'Ich erinnere mich nicht!'«

Der Herr hielt sich treu an sein Versprechen »Ihrer Sünden werde ich nicht mehr gedenken«. Obwohl die Frau dieses Pastors schon oft um Reinigung gebetet hatte, konnte sie doch der Tiefe der Vergebung Gottes nicht glauben. Gott warf ihre Sünde in das Meer des Vergessens. Er hat sie von ihr entfernt »so fern der Osten ist vom Westen« (Ps 103,12). Für ihre Sünde wurde in jederlei Hinsicht bezahlt, doch nur das Gefängnis ihrer eigenen Gedanken konnte diese nicht loslassen. Und jetzt entfernte er sie in seiner großen Gnade auch noch daraus!

Welche Lasten tragen wir doch, welche Schuld und welche Mauern umgeben uns, weil wir Gottes vollständige und vollkommene Vergebung nicht akzeptieren! In Jesaja lesen wir: »Ich, ich bin es, der deine Verbrechen auslöscht um meinetwillen, und deiner Sünden will ich nicht gedenken« (Jes 43,25).

Wir dienen wahrhaftig einem großen Gott! Wie wunderbar ist seine Liebe zu uns! Er ist unser Erlöser! Unser Heiland! Wenn Sie bereit sind, anderen zu vergeben und ihn nur bitten, Ihnen zu vergeben, wird er Ihnen Ihre Sünden vergeben, so oft Sie ihn reuig darum bitten. Er verspricht, daß er Ihrer Sünden nicht mehr gedenken wird! Er beruft uns zu seiner Vollkommenheit und hat uns deshalb einen vollkommenen Zugang zu ihm geschaffen. Heiligkeit ist eine sich ständig weiterentwickelnde Beziehung zur Gnade Gottes.

Kapitel 7

Näher zu Gott

Mit Beginn des Neuen Testaments wurde der Herr nicht auf einmal weniger heilig; sein Wesen hat sich nicht verändert. Als Jesus seine Jünger das rechte Beten lehrte, begann er mit den Worten »…geheiligt werde Dein Name«. Um ihn so zu kennen, wie er wirklich ist, brauchen wir die alttestamentliche Furcht des Herrn, kombiniert mit dem neutestamentlichen Verständnis seiner Gnade.

Gottes Heiligkeit verstehen

»Und als Salomo zu Ende gebetet hatte, da fuhr das Feuer vom Himmel herab und verzehrte das Brandopfer und die Schlachtopfer. Und die Herrlichkeit des Herrn erfüllte das Haus. Und die Priester konnten nicht in das Haus des Herrn hineingehen, denn die Herrlichkeit des Herrn erfüllte das Haus des Herrn. Und alle Söhne Israel sahen das Feuer herabfahren und die Herrlichkeit des Herrn über dem Haus. Da knieten sie mit dem Gesicht zur Erde auf das Pflaster nieder und beteten an, und sie priesen den Herrn: Denn er ist gütig, denn seine Gnade währt ewig! (2.Chr 7,1-3).

Ein Ereignis in der Geschichte der Menschheit, das seinesgleichen sucht! Nachdem Salomo den Tempel geweiht hatte, kam die Herrlichkeit des Herrn vom Himmel herab und erfüllte das Haus. Wie sah nun diese »Herrlichkeit« aus? Sie war Licht, die strahlende Heiligkeit des Ewigen Gottes, die die Welt der Menschen durchdrang. Sie war das Zeichen dafür, daß der Herr in Person gekommen war! Diese Herrlichkeit war so gewaltig, daß die Priester den Tempel nicht betreten konnten. Nachdem das Feuer vom Himmel herabgefallen war und die Herrlichkeit den Tempel erfüllt hatte, lesen wir: »Und der König und das ganze Volk brachten vor dem Herrn Schlachtopfer dar. Und der König Salomo brachte als Schlachtopfer 22000 Rinder und 120000 Schafe dar...« (2.Chr 7,4-5a).

Stellen Sie sich das nur vor! 22000 Rinder und 120000 Schafe! Sie dienten keinem unsichtbaren Gott nur im Glauben allein – sie standen in der manifestierten Gegenwart des Schöpfers höchstpersönlich! Auch ein Opfer von einer Million Rinder hätte in Salomos Augen nicht ausgereicht, als er die Herrlichkeit des Herrn sah!

Nur unsere unglaubliche Unkenntnis dessen, wer der Herr wirklich ist, läßt uns denken, daß das Opfern vor Gott auch seine Grenzen hat.

Salomos Opfer zeigt folgendes deutlich: Je mehr wir Gott so sehen, wie er wirklich ist, desto mehr werden wir uns gedrängt fühlen, ihm alles von uns zu geben. Doch hier liegt auch ein weitverbreitetes Problem unserer Zeit, dem sich jeder Christ stellen muß: Obwohl viele Gott vom Verstand her kennen, kennen ihn doch nur wenige in seiner Herrlichkeit. Unsere Gemeinden sind oftmals ein Heiligtum der Liturgie und nicht der Gegenwart Gottes. Auch wenn wir zu einer Bewegung gehören, die ritualisierte Gottesdienstformen aufgegeben hat, opfern wir stattdessen andere, ungezwungenere Ausprägungsformen. Doch wo ist Gott? Wo sehen wir seine unbegrenzte schöpferische Kraft in unseren Versammlungen? Wann haben unsere Pastoren einmal mit ihrem Programm nicht weitermachen können, weil sie von der Herrlichkeit Gottes überwältigt waren? Doch genauso war der Gott des Alten Testaments, der Heilige, den Christus offenbarte.

Die Hebräer wußten, daß Gott heilig ist – darin lag ihr Vorteil, aber auch ihr Problem, weil er einfach zu heilig war, als daß sie ihm als sündige Menschen hätten gegenübertreten können. Sie dienten ihm, ohne eine Beziehung zu ihm zu haben. Die überwiegende Mehrheit der Juden opferte nicht, weil sie ein Verlangen danach hatte, Gottes Angesicht zu suchen, sondern vielmehr um Gottes unabänderlichen Zorn zu stillen (Hebr 2,1-2).

Der einfache Mann trat niemals direkt vor Gott selbst, sondern brachte dem Priester am Ort die geforderten Opfergaben. Die Priester selbst hatten wiederum eine Unmenge von Vorschriften und Bedingungen zu erfüllen, bevor sie sich Gott nähern konnten. Es gab tägliche, wöchentliche und jährliche Opfer, Sündopfer, Dankopfer für eine gute Ernte, sowie spezielle Opfer nach Genesung von einer Krankheit. Gleichgültig zu welchem Anlaß, die Priester konnten doch niemals vor Gott kommen, ohne Blut zu vergießen oder Korn zu opfern. Sie mußten bestimmte Waschungen vollziehen, Weihrauch verbrennen und speziell vorgegebene Gebete sprechen; all das mußte haargenau bis ins letzte Detail und in exakter Übereinstimmung mit den Opfervorschriften befolgt werden.

In 3.Mose lesen wir von einem Vorfall, der das alttestamentliche Bild von Gott noch verdeutlicht: Die Söhne Aarons, die Priester waren, brachten ein »fremdes Feuer« vor dem Herrn dar. Sogleich »...ging Feuer vom Herrn aus und verzehrte sie. Und sie starben vor dem Herrn.« Mose tröstete Aaron mit folgenden Worten: »Dies ist es, was der Herr geredet hat: Bei denen, die mir nahen, will ich geheiligt, und vor dem ganzen Volk will ich verherrlicht werden«. Weiter heißt es: »Und Aaron schwieg« (3.Mo 10,2-3). In den Augen Moses rechtfertigte die Heiligkeit Gottes den plötzlichen Tod der unheiligen Söhne Aarons!

Die Beziehung zwischen den Hebräern und Gott basierte letztlich nicht auf Gemeinschaft; es war beinahe alles nur eine Frage des Ritus und der Befolgung von Gesetzen. Die Propheten und eine Handvoll Könige ausgenommen, lebten nur wenige in Übereinstimmung mit den »höheren Wegen« Gottes.

Durch das Blut Jesu hat Gott uns Christen den Weg zur

heiligen Stätte seiner Gegenwart eröffnet (Hebr 10,19-22). Für die Hebräer hingegen war es natürlich, daß nur der Hohepriester ins Allerheiligste gehen durfte und das auch nur einmal im Jahr am Versöhnungstag. Die Überlieferung sagt uns, daß ein Seil um sein Bein gebunden wurde und kleine Glöckchen in sein Gewand eingenäht wurden, bevor er eintreten durfte. Wenn er nun plötzlich im Allerheiligsten starb oder zusammenbrach und man somit die Glöckchen nicht mehr hören konnte, war dies das Alarmzeichen für die anderen Priester, das es ihnen ermöglichte, ihn aus dem heiligen Raum zu ziehen, ohne das Gesetz zu übertreten.

Diese Vorsichtsmaßnahmen des Hohenpriesters malen ein deutliches Bild der Haltung eines alttestamentlichen Juden: niemand kann es wagen, sich der Heiligen und Lebendigen Gegenwart Gottes zu nähern, ohne das Gesetz bis aufs »i-Tüpfelchen« zu erfüllen. Letztendlich hörten die Juden sogar auf, den Heiligen Namen Gottes zu schreiben oder auszusprechen. Sogar sein Name war zu heilig, um ihn in dieser Welt auszusprechen.

Wir müssen Gottes Gnade verstehen

Diese Erfahrung der Heiligkeit Gottes ist einer der Hauptgründe für die enorme Vollmacht der Gemeinde zu Jerusalem im ersten Jahrhundert. Als Juden kannten sie die Heiligkeit des göttlichen Gesetzes. Doch als Christen wußten sie auch um seine Gnade; sie hatten eine persönliche Beziehung zu dem Lamm, dem Vollkommenen Opfer, das gekommen war, um die Erfordernisse des Gesetzes zu erfüllen. Der Gott, den die Juden angebetet haben, ist Mensch geworden und hat sich selbst für die Sünde hingegeben!

Viele Christen in aller Welt feiern die Vergebung ihrer Sünden durch Christus, doch dies ist schon das Ende ihrer Erfahrungen mit Gott. Die Juden, die aus ihrer Geschichte die furchtbare Gerechtigkeit Gottes kannten, lebten noch immer außerhalb der göttlichen Gegenwart, weil sie die Sündenvergebung in Christus nicht verstanden. Doch erst die Vereinigung beider Wahrheiten verleiht unserem Leben Vollmacht und führt uns weiter in die Realität Gottes.

Abraham wollte Gott seinen geliebten Sohn Isaak opfern (Denken Sie daran: Jeder, der Gott so gesehen hat, wie er wirklich ist, ist bereit alles zu opfern). Als sie den Berg hinaufstiegen, sprach Abraham prophetisch: »Gott wird sich das Schaf zum Brandopfer ersehen...« (1.Mo 22,8). Wenn wir bereit sind, Gott alles zu geben was wir haben, müssen wir uns doch dessen bewußt sein, daß dies noch nicht gut genug ist. Gott hat seinen eigenen Sohn gegeben, das makellose Lamm, um uns einen Zugang zu sich zu schaffen.

So oft fühlen wir uns unwürdig und versuchen vor Gott zu fliehen. Dann ist Gott in seiner Heiligkeit der Letzte, dem wir begegnen möchten. Doch inmitten unserer Unwürdigkeit sollen wir zu Gott schreien. Wir können die Flucht nach vorn ergreifen, hin zu Gottes Vergebung.

Als Johannes der Täufer Jesus sah, sagte er zu seinen Jüngern: »Siehe, das Lamm Gottes, das die Sünde der Welt wegnimmt« (Joh 1,29). Das Lamm Gottes hat nicht nur die Sünden der Welt weggenommen, sondern auch Ihre Sünden. Das Opfer Christi ist viel mehr wert als all die Rinder und Schafe, die jemals geopfert wurden; er leistet den Forderungen der heiligen Gerechtigkeit Gottes volle Genüge. Während sich der Hohepriester dem Allerheiligsten mit Furcht und Zittern näherte, können wir durch das Blut Christi mit Zuversicht hinzutreten – so großartig und vollkommen ist das Opfer, das Gott gebracht hat! (Heb 4,16)

Teil 3

Ein heiliges Leben in Gottes Vollmacht

Wer ein Gott wohlgefälliges Leben führt, wird vollmächtig sein. Jesus war heilig und vollmächtig. Paulus war heilig und vollmächtig. Petrus und Johannes waren heilig und vollmächtig. Hüten Sie sich vor denen, die den Schein eines gottgefälligen Lebens haben, aber seine Kraft verleugnen. Ein heiliges Leben ist ein vollmächtiges Leben.

Kapitel 8

Zuerst die Heiligung, dann die Kraft

Viele Christen suchen nach einer Abkürzung auf ihrem Weg zur Vollmacht. Wer verschiedene Abkürzungen ausprobiert, wird dabei bestenfalls frustriert, schlimmstenfalls ein Irrlehrer oder ein falscher Prophet. Hören Sie gut zu: eine enorme Kraft liegt für uns in Gott bereit, doch wird sie uns ohne die Heiligung nicht zuteil. Zuerst die Heiligung, dann die Kraft.

Als Johannes Jesus sah

»Dann kommt Jesus aus Galiläa an den Jordan zu Johannes, um sich von ihm taufen zu lassen. Johannes aber wehrte ihm und sprach: Ich habe nötig, von dir getauft zu werden. Und du kommst zu mir? Jesus aber antwortete und sprach zu ihm: Laß es jetzt so sein; denn so gebührt es uns, alle Gerechtigkeit zu erfüllen. Dann läßt er es ihm zu. Und als Jesus getauft war, stieg er sogleich aus dem Wasser herauf; und siehe, die Himmel wurden ihm aufgetan, und er sah den Geist Gottes wie eine Taube herniederfahren und auf ihn kommen. Und siehe, eine Stimme kommt aus den Himmeln, welche spricht: Dieser ist mein geliebter Sohn, an dem ich Wohlgefallen gefunden habe« (Mt 3,13-17).

Wir müssen Johannes den Täufer und Propheten verstehen. Die Schrift sagt, daß Johannes »...schon von Mutterleibe an mit Heiligem Geist erfüllt...« (Lk 1,15-17) war. Wir lesen auch, daß er in der Kraft und im Geist des Elia kommen sollte. Die Geschichtsschreiber berichten, daß sein kompromißloser und vollmächtiger Dienst fast eine Million

Menschen zur Buße geführt hat. Riesige Menschenmassen verließen ihre Städte und gingen in die Wüste, um den Propheten zu hören und um sich in Vorbereitung auf das Reich Gottes in die Buße hinein taufen zu lassen.

Nur Jesus kannte das gefallene Herz der Menschen noch besser als Johannes. Keine Gesellschaftsschicht entkam dem Urteil des Täufers: Soldaten und Könige, Sünder und geistliche Leiter, alle kamen ins »Tal der Entscheidung«. Die Taufe des Johannes war mehr als nur ein Untertauchen. Er forderte ein öffentliches Bekenntnis der Sünden und Gerechtigkeit als würdige Frucht der Buße (Mt 3,6.8).

Jesus bezeugte, daß Johannes mehr war als nur ein Prophet: »Unter den von Frauen Geborenen ist kein Größerer aufgestanden als Johannes der Täufer« (Mt 11,9-11). Johannes war ein »Seher«, das heißt, er hatte einen freien Einblick in die unsichtbare Welt. Er bezeugte: »Ich schaute den Geist wie eine Taube aus dem Himmel herniederfallen« (Joh 1,32-33). Er sah den »...kommenden Zorn« (Mt 3,7). Er legte Zeugnis ab vom »...Reich der Himmel« (Mt 3,2). Johannes konnte in die verborgenen Winkel des Herzens sehen. Seine Einsicht durchdrang den schönen Schein der hochangesehenen Pharisäer; in ihren Seelen sah er eine »Otternbrut« (Mt 3,7). Wir müssen dieses Hauptmerkmal eines Propheten verstehen: er sieht Dinge, die anderen Menschen verborgen sind.

Doch als Jesus kam, um sich taufen zu lassen, sah Johannes noch bevor sich der Himmel öffnete und der Heilige Geist herniederfiel, etwas, das selbst für seinen Maßstab für Gerechtigkeit überwältigend war. Er schaute in Jesu Herz und sah keine Sünden, keine Lügen, keine Lüste. Johannes wußte nicht, daß der Messias vor ihm stand, doch er sah eine Ebene der Heiligung, die ihn voll Erstaunen sagen ließ: »Ich habe nötig, von dir getauft zu werden...« (Mt 3,14) (Anm.1).

Jesus, das »Lamm Gottes« (Joh 1,35-36), war ohne Makel und Tadel. Genau das sah der Prophet in Jesus: eine makellose Reinheit des Herzens. Angesichts der Reinheit Christi verschlug es Johannes die Sprache! Die mächtige Offenbarung der inneren Reinheit Christi machte Johannes sogleich seinen eigenen Mangel bewußt. In Jesus sah er eine Gerechtigkeit, die größer und reiner war als seine eigene. Dieser große Prophet sah in Jesu Herz und angesichts des Glanzes der Heiligkeit Christi rief er aus: »Ich habe einen Mangel!«

Uns geht es genauso. Jedesmal wenn wir Jesus sehen, offenbart sich uns wieder ein Aspekt seiner Reinheit, der unseren Mangel nur noch mehr verdeutlicht. Wenn sich die Heiligkeit Christi vor uns entfaltet, müssen wir einfach wie Johannes der Täufer sagen: »Ich habe nötig, von dir getauft zu werden!«

Doch am Anfang unseres Weges haben wir darauf vertraut, daß uns unsere eigene Kraft und unser Geschick Erfolg bescheren werden. Ja, wir baten Gott um Hilfe, doch meist nur in Zeiten der Not und der Prüfung. Doch je mehr uns der Herr zur Reife führt, desto mehr entdecken wir auch, daß unsere vermeintlichen Stärken eigentlich Schwächen sind, die nicht offensichtlich und deshalb um so gefährlicher sind. Unser Stolz und unser Selbstvertrauen hindern Gott daran, uns zu helfen; unsere vielen Ideen und Wünsche, die in uns wild durcheinanderschreien, übertönen die sanfte, leise Stimme Gottes. In den Augen Gottes sind die größten Errungenschaften des Menschen ohnehin nur »...(elend) und bemitleidenswert und arm und blind und bloß« (Offb 3,17).

Mit der Zeit erkennen wir, daß wahre Stärke, ein effektiver Lebenswandel, ja sogar unsere Heiligung damit beginnt, unsere Not zu sehen. Wir werden schwächer und vertrauen weniger auf unsere eigenen Fähigkeiten. Wenn die äußere Schale der Selbstgerechtigkeit abbröckelt, wird Jesus selbst zur Antwort Gottes für jeden Menschen, der nach einem heiligen und vollmächtigen Leben trachtet.

Vielleicht denken wir, wir hätten Geistesgaben, oder wir seien heilig, oder wir freuen uns an unseren menschlichen

Erfolgen, doch all das wird man bestenfalls noch als »Religion« bezeichnen können, bis wir endlich Christus sehen und uns nicht länger auf unsere Selbstgerechtigkeit verlassen.

Wir wollen uns mit beiden Händen nach dieser Wahrheit ausstrecken, wir wollen sie nicht aus den Augen verlieren! Jesus selbst ist die Quelle unserer Heiligkeit! Wir sind so gerne bereit, für ihn etwas zu tun; wir tun alles, solange wir uns nicht in unserem Innersten zu ändern brauchen!

Anmerkung

Einige nehmen an, daß Johannes hiermit sagte, er bräuchte die Taufe im Heiligen Geist; er war jedoch schon »von Mutterleibe an mit dem Heiligen Geist erfüllt« (Lk 1,15).

Gott möchte von uns nicht all das, was wir tun können, sondern vielmehr uns selbst. Er möchte uns zu einem heiligen Volk machen. Wir wollen nicht ängstlich auf diesen Prozeß blicken. Lassen Sie es zu, daß er Sie tief im Innersten zubereitet. Jesus führte dreißig Jahre lang ein reines, sündloses Leben, bevor er auch nur einmal vollmächtig wirkte! Sein Ziel war es nicht, irgendwelche große Taten zu vollbringen, sondern vielmehr dem Vater mit einem heiligen Leben zu gefallen!

Genauso besteht auch unser Ziel nicht darin, vollmächtig zu werden, sondern vielmehr durch die Gegenwart Christi in uns, heilig zu werden. Gott verheißt, denjenigen vollmächtig zu machen, den er vorher heiligen kann. Möchten Sie, daß Ihr christliches Leben funktioniert? Dann suchen Sie Jesus selbst als Quelle und Maßstab der Heiligkeit.

Möchten Sie ein Leben in der Kraft Gottes führen? Dann trachten Sie danach, Christi Reinheit des Herzens zu erkennen. Wenn wir Gottes »eigenes Volk« werden wollen, sollten wir in der Heiligung wachsen. Ein reifer Christ wird heilig und vollmächtig sein, doch erst kommt die Heiligung und dann die Vollmacht.

Kapitel 9

Ein reines Leben führen

Die Schrift sagt uns, daß Gott uns bewahrt. Das bedeutet jedoch nicht, daß wir nicht mehr mit Versuchungen zu kämpfen haben, denn sogar Jesus wurde versucht. Der Herr bewahrt uns vielmehr inmitten von Prüfungen und Versuchungen. Er bewahrt uns durch sein Wort. Wenn wir nun heilig sein wollen, müssen wir mit der Person, die die Bibel »Das Wort« nennt, auf Du und Du stehen.

Das Wort verwahren

»Wodurch hält ein Jüngling seinen Pfad rein? Indem er sich bewahrt nach deinem Wort. Mit meinem ganzen Herzen habe ich dich gesucht. Laß mich nicht abirren von deinen Geboten! In meinem Herzen habe ich dein Wort verwahrt, damit ich nicht gegen dich sündige« (Ps 119,9-11).

Die Frage lautet nicht, »Wodurch kann ein Jüngling rein werden?«, so als ob für einen jungen Mann die Reinheit des Herzen unerreichbar wäre. Die Frage lautet vielmehr: »Wodurch hält er seinen Pfad rein?« Die Reinheit des Herzens ist ein Ziel, das wir erreichen und bewahren können, wenn wir mit dem Wort Gottes fortwährend Gemeinschaft haben.

Wodurch hält ein Jüngling seinen Pfad rein? Die Schrift sagt: »Indem er sich bewahrt nach deinem Wort...in meinem Herzen habe ich dein Wort verwahrt« (Ps 119,9.11). Wir können weit über die reine Kenntnis der Bibel hinausgehen und dazu kommen, daß das Lebendige Wort Gottes unser wertvollster Schatz wird. Das Wort zu verwahren bedeutet, es zu lieben, auch wenn es durchdringt »...bis zur Scheidung von Seele und Geist«. Das Wort zu verwahren heißt, verletzbar zu sein, auch wenn es »...ein Richter der Gedanken und Gesinnungen des Herzens« (Hebr 4,12) ist. Das Wort offenbart unsere Motive. Es ist das Licht des Geistes, das die Finsternis unseres Herzens erhellt. Es befreit uns von den Bollwerken der versteckten Sünde. Es verwundet, aber es heilt auch und dringt bis in die tiefsten Tiefen unseres Seins. Durch das Wort Gottes, gemeinsam mit dem Heiligen Geist, werden wir dem Abbild Christi gleichgestaltet. Die Heiligkeit ist der Lohn dessen, der das Wort in seinem Herzen verwahrt.

Gott ist das Wort

Viele Menschen lesen in der Bibel, nur um sich ihre aktuellen Meinungen bestätigen zu lassen. Auch wenn sie die ganze Bibel lesen, konzentriert sich ihr Sinn doch nur auf wenige Lehren. Anstatt das zu glauben, was sie lesen, lesen sie doch nur das, was sie schon glauben. Deshalb entdecken sie in der Bibel auch nur selten neue Wahrheiten. Die Baptisten lesen durch ihre spezielle Brille, die Pfingstler und die Charismatiker haben auch einen eigenen Blickwinkel, während die Katholiken und andere Konfessionen wieder völlig andere Betonungen setzen. Genauso wie die Juden »...auf Mose getauft wurden« (1.Kor 10,2), werden Christen oft auf ihre spezielle Konfession getauft. Wenn sie dann durch die verschiedenen Ausbildungsschritte gegangen sind, sind ihr Kopf und ihr Herz voll von einer Unmenge von Lehren, durch die sie mehr dem Abbild ihrer speziellen Bewegung als dem Abbild Christi gleichgestaltet worden sind.

Doch wenn wir wie Christus werden wollen, müssen wir im Geist Christi getauft sein und nicht im Geist oder der Speziallehre einer bestimmten Konfession. Wer in Christus getauft ist, dessen Geist hat eigentlich Christus »angezogen« (Gal 3,17). Ein wahrer Jünger trachtet danach, Christus an

Heiligkeit und Vollmacht gleich zu werden. Es kann nicht angehen, daß wir uns mit einem Dutzend ausgesuchter Bibelverse impfen, nur um »gerettet« zu werden, und dabei jedoch für die Fülle Gottes immun werden!

Sie sind ein Jünger Jesu Christi: die Wirklichkeit des Reiches Gottes liegt in der Gesamtheit der Lehre Jesu. Deshalb müssen Sie jedes Wort verwahren!

Gott ist das Wort. Die Schriften selbst sind nicht Gott, sondern vielmehr der Geist, der aus den Worten spricht ist Gott. Wir müssen diesen Heiligen Geist wie Gott ehren. Wenn Sie nun den Herrn suchen, knien Sie nieder und lesen Sie die Bibel: wollen Sie dem Allmächtigen etwa nicht begegnen? Beten Sie, daß Sie die Worte nicht nur mit Ihrem Verstand begreifen; bitten Sie hingegen den Heiligen Geist, durch das Wort zu Ihrem Herzen zu sprechen. Wenn Sie ein wahrer Jünger sein wollen, müssen Sie vor seinem Wort »zittern« (Jes 66,3). Bereiten Sie Ihr Herz in Ehrerbietung und Anbetung vor. Wenn Sie nun mit Ihren verschiedenen Bibelausgaben arbeiten, wenn Sie in Demut vor Gott knien, wird das Wort in Ihre Seele förmlich eingepflanzt, ja, es wird zu einem Teil von Ihnen (Jak 1,21).

Wie gesagt, lesen Sie die Bibel nicht, um sich Ihre vorgeformten Lehrmeinungen bestätigen zu lassen, auch wenn es hilfreich sein kann, die Einsicht eines anderen Christen im Gebet zu erwägen. Machen Sie sich Notizen, schreiben Sie nieder, was der Heilige Geist sagt und vergessen Sie niemals, daß nicht der Buchstabe, sondern der Geist lebendig macht (2.Kor 3,6).

Lesen Sie mit Offenheit, mit einer demütigen und bußfertigen Herzenshaltung, und bewahren Sie das Wort in Ihrem Herzen, auch wenn Sie ihm nicht voll und ganz gehorchen können. Genau an diesem Punkt stolpern die meisten Menschen: wenn ihrem menschlichen Verstand ein Gebot unerfüllbar oder absurd vorkommt, gehen sie einfach darüber hinweg. Doch Jesus sagte: »Wer meine Gebote hat und sie hält, der ist es, der mich liebt« (Joh 14,21). Oftmals müssen

Sie sich dazu entscheiden, das Wort zu bewahren, bevor Sie ihm gehorchen können. Gott muß in Ihnen »...sowohl das Wollen als auch das Wirken« (Phil 2,13) vollbringen. Erst schafft Gott in Ihnen das Wollen und dann befähigt er Sie.

Machen Sie sich in diesem Prozeß für das Wort verletzbar, lassen Sie sich von ihm kreuzigen. Leiden Sie mit ihm, aber lassen Sie es nicht los.

Betrachten Sie jedes Gebot in der Bibel, jedes »Du sollst...« als eine Verheißung, die Gott in Ihrem Leben erfüllen wird, wenn Sie sich treu an sein Wort halten. Wenn Sie sich an das Wort halten und jedes Gebot in Ihrem Herzen verwahren, wird das Wort selbst in Ihrem Herzen wirksam werden und gemäß Ihrem Glauben Gnade und Veränderung mit sich bringen.

Jeder von uns sollte so viel wie möglich von der Bibel in sich anhäufen. Eine bewährte Methode, nach der ich vorgehe, ist folgende: Ich beginne damit, fünf Kapitel aus dem Pentateuch (die fünf Bücher Mose) zu lesen. Dann lese ich laut fünf Psalmen (wenn der Psalmist weint, weine ich mit ihm, wenn er sich freut, drücke auch ich seine Freude aus). Dann gehe ich sorgfältig durch ein Kapitel der Sprüche und durch drei Kapitel aus den Propheten. Weiterhin lese ich drei Kapitel in einem Brief des Neuen Testaments und schließlich ein Kapitel aus einem Evangelium. Insgesamt lese ich ungefähr achtzehn Kapitel pro Tag. Diese Vorgehensweise ermöglicht es mir, eine ausgeglichene Sicht der biblischen Wahrheit zu bewahren.

Vielleicht schaffen Sie nicht so viel, doch welche Methode auch immer Sie anwenden – verbinden Sie stets Altes und Neues Testament. Normalerweise halte ich mich treu an mein Schema, bis der Heilige Geist durch die Schrift zu mir spricht. Wenn er zu mir spricht, ehre ich ihn dadurch, daß ich seiner Leitung folge und alles genauestens niederschreibe, was er mich lehrt. Am nächsten Tag halte ich mich wieder an mein bewährtes Schema, knie vor dem Wort Gottes nieder und fahre dort fort, wo ich aufgehört hatte.

Nehmen Sie wohin Sie auch gehen Papier und Bleistift mit. Legen Sie nachts Ihren Notizblock neben Ihr Kopfkissen, denn Gott spricht zu den Seinen auch im Schlaf. Wir sind dazu berufen, in Ihm zu bleiben, nicht, ihn nur kurz zu besuchen.

Letztenendes müssen Sie sich den Worten Jesu völlig hingeben. Die Evangelien müssen für Sie wichtiger sein als alle anderen Bücher der Bibel. Viele Christen predigen Paulus oder einen anderen Apostel mehr als Jesus. Doch Paulus selbst lehrte: »Das Wort des Christus wohne reichlich in euch« (Kol 3,16). Das Wort Christi hat die Apostel verändert. Der Apostel Johannes sagte: »Jeder, der weitergeht und nicht in der Lehre des Christus bleibt, hat Gott nicht« (2.Joh 1,9).

Wir sollen in der Lehre Christi verharren! Doch es ist typisch für Christen, sich nur kurz mit den Worten Jesu zu befassen und lieber nur über ihn zu lesen, als in ihm zu verharren. Es gibt Handbücher für alle Bereiche des Lebens. Wir glauben ja mittlerweile, daß das Wesen des Christentums darin besteht, Bücher zu lesen! Immerzu lernen wir und kommen doch nie zur Erkenntnis der Wahrheit (2.Tim 3,7). Ihr Lieben, die Wahrheit liegt in Jesus (Eph 4,21).

Deshalb müssen wir es lernen, in der Lehre Christi zu verharren, auch wenn wir nach wie vor ebenso den Rest Schrift studieren. Nur Jesus allein ist für unsere Sünden gestorben; es muß das alleinige Ziel all unserer geistlichen Aktivitäten sein, nach ihm zu trachten.

Sie müssen Ihr »Gehör« schulen, damit der Heilige Geist überall und über alles zu Ihnen sprechen kann.

Ehren Sie ihn und er wird Sie ehren. Bewahren Sie das Wort in Ihrem Herzen und er wird Sie in Heiligkeit vor sich hinstellen. Er wird Ihren Weg rein halten.

Kapitel 10

Der Heilige Geist der Wahrheit

Heiligung geschieht nicht automatisch. Wir sollen für die Heiligung, »ohne die niemand den Herrn schauen wird« (Hebr 12,14) beten. Wir müssen für Heiligkeit beten. Wer nicht ernsthaft der Heiligung nachjagt, wird den Herrn nicht sehen. Wir müssen die Worte Jesu ernst nehmen: »Glückselig, die reinen Herzens sind, denn sie werden Gott schauen« (Mt 5,8).

Schritt für Schritt heilig werden

Die Sünde verbirgt sich hinter einem Mantel der Täuschung. Deshalb muß der erste Schritt in Richtung Heiligung darin bestehen, unser Herz ins Licht der Wahrheit zu bringen und es von Lüge zu reinigen. Diesen Heiligungsprozess vollbringt der Heilige Geist; sein »Werkzeug« dabei ist die Wahrheit. Nachdem der Heilige Geist die Macht der Täuschung in unserem Leben gebrochen hat, kann er auch die Macht der Sünde brechen.

Jesus sagte, im Reich Gottes bringen die Frucht, »welche in einem redlichen und guten Herzen das Wort, nachdem sie es gehört haben, bewahren und Frucht bringen mit Ausharren« (Lk 8,15). Um Frucht bringen zu können, ist es also zuallererst notwendig, ein aufrichtiges Herz zu haben. Ohne die Liebe zur Wahrheit kann kein Bereich des Lebens korrigiert werden.

Die Bibel warnt uns und sagt, daß die Sünde Betrug ist (Heb 3,13). Wenn es uns möglich wäre, unsere Gedanken wie in einem Film zu betrachten, bevor wir sündigen, könnten wir deren Abdriften in die Täuschung sehr deutlich erkennen. Doch die Rationalisierungsmechanismen und Kompromisse, die in diesen Vorgang eingreifen, sind nicht sichtbar. Anstatt zu schreien, flüstert der Feind die Sünde unserer Seele ein; sie wandelt in der Dunkelheit und nicht im Licht.

Deshalb müssen wir – wie Paulus sagt – »…jeden Gedanken gefangen(nehmen) unter den Gehorsam Christi…« (2.Kor 10,5), wenn wir die Stimme der Sünde erkennen wollen. Wir müssen die Lüge bloßstellen, die uns zuflüstert: »Deine Sünden sind doch gar nicht so schlimm«. Um verborgen zu bleiben, hat die Sünde immer ein Alibi zur Hand und versteht es sehr gut, ihre Existenz zu vertuschen. Sie verdreht und verzerrt die Wahrheit; sie denkt überhaupt nicht an Buße, im Gegenteil, sie versichert uns: »Gott versteht Dich doch!«

Wenn eine peinliche Sünde z.B. durch bestimmte Umstände beinahe aufgedeckt wird, dann danken wir Gott auch noch, daß unser geheimes Problem verborgen blieb. Doch höchstwahrscheinlich hat nicht Gott die Sünde versteckt gehalten, sondern der Teufel. Wie die himmlische Welt zur Sünde steht, ist eindeutig: das Wort Gottes fordert uns auf, »…einander die Vergehungen (zu bekennen)« und den »…geheimen Dingen, deren man sich schämen muß…« zu entsagen (Jak 5,16; 2.Kor 4,2). Bekennen und Bloßstellen bringt die Sünde ans Licht und bricht die Macht der Täuschung.

Sind Sie ein Sklave der Sünde?

»…und ihr werdet die Wahrheit erkennen, und die Wahrheit wird euch frei machen. Sie antworteten ihm: Wir sind Abrahams Nachkommenschaft und sind nie jemandes Sklaven gewesen. Wie sagst du: Ihr sollt frei werden? Jesus antwortete ihnen: Wahrlich, wahrlich ich sage euch: Jeder, der die Sünde tut, ist der Sünde Sklave« (Joh 8,32-34).

Sünde ist Sklaverei. Als Präsident Lincoln die amerikanischen Sklaven befreite, lebten viele weiterhin in Knechtschaft, weil ihnen die Freiheit vorenthalten wurde. Vom Gesetz her waren sie frei, doch ihre ehemaligen Herren täuschten sie. Deshalb blieben sie unter dem Joch. Genauso muß uns auch die Sünde täuschen, um weiterleben zu können, da das Blut Jesu uns befreit hat. Wir sind aus der Sklaverei der Sünde freigekauft worden.

Die Schrift warnt vor denen, die »...die Liebe der Wahrheit zu ihrer Errettung nicht angenommen haben« (2.Thes 2,10). Die Errettung ist kein religiöses Ritual; durch sie werden wir vielmehr von dem befreit, das uns vernichten würde.

Jesus kam wirklich um »...sein Volk (zu) erretten von seinen Sünden« (Mt 1,21). Wenn wir die Wahrheit erkennen, werden wir von der Sünde und ihren Konsequenzen befreit (Joh 8,31-34).

Gott sendet denen, die die Wahrheit nicht lieben, eine »wirksame Kraft des Irrwahns« (Griech: »energeia«), »...daß sie der Lüge glauben, damit alle gerichtet werden, die der Wahrheit nicht geglaubt, sondern Wohlgefallen gefunden haben an der Ungerechtigkeit« (2.Thes 2,10-12). In jedem Bereich Ihres Lebens, in dem die Wahrheit nicht regiert, herrscht stattdessen eine »wirksame Kraft des Irrwahns«.

Wenn Sie ein Sklave der sexuellen Lust sind, werden Ihre Gedanken und Ihr daraus folgendes Verhalten voll Heimlichkeiten und Verdammnis sein, die in Ihrem Leben zu dieser »wirksamen Kraft des Irrwahns« werden. Nach außen hin sieht Ihr Leben wohl intakt aus, doch ein trügerischer Einfluß benebelt Ihren Sinn in genau diesem Bereich Ihrer Sünde. Wenn Sie ein Sklave der Angst sind, werden Sie in Ihren Gedanken und Werken stets ein Auge darauf haben, ob nicht irgendwo eine Gefahr lauert. Diese Art von Wachsamkeit ist auch eine »wirksame Kraft des Irrwahns«. Wenn Sie ein Sklave Ihres Bauches sind, werden sowohl Ihr regelmäßiger Gang zur Speisekammer als auch die Lügen, die Sie anderen über Ihr »stoffwechselbedingtes Problem« erzählen, zu einer Täuschung.

Gott läßt es zu, daß wir diesem Betrug preisgegeben werden, weil wir uns hartnäckig weigern, die Wahrheit zu lieben, die uns retten könnte. Jeder Bereich unseres Lebens, der von der Sünde regiert wird, zeigt, daß in diesem Bereich auch unsere Seele getäuscht worden ist.

Wir lesen im Thessalonicherbrief, daß die Menschen »Wohlgefallen gefunden haben an der Ungerechtigkeit« (2.Thes 2,12). Fast jede Sünde ist mit so viel Angenehmem verbunden, daß sie uns attraktiv erscheint. Wenn die Sünde unangenehm wäre, würden nur geistesgestörte Menschen sündigen, da zur Sünde ja auch der Tod gehört. Die angenehmen Seiten der Sünde täuschen uns. Denn was ist die Lust anderes, als die Perversion des Genusses? Wenn wir wirklich errettet werden wollen, müssen wir die Wahrheit dem Genuß vorziehen, denn unsere Vergnügungssucht und unser Verlangen nach Behaglichkeit täuschen uns. Und dennoch ist die Wahrheit nicht der Feind des Genusses, sondern der Perversion.

Jedesmal wenn Sie über eine Sünde Buße tun, wird eine Lüge gebrochen, die bisher Ihr Leben beherrscht hatte. Doch wenn Sie an der Ungerechtigkeit Ihre Freude haben und Gottes Güte, die Sie zur Umkehr bringen möchte, verachten, wird Gott Sie schließlich der Täuschung preisgeben, die Ihre Rebellion fordert. Deswegen lehrte uns Jesus auch folgendermaßen zu beten: »…und führe uns nicht in Versuchung, sondern errette uns von dem Bösen« (Mt 6,13). Gott versucht die Menschen nicht durch Sünde. Die Versuchung und das Böse sind Teile unseres alten Menschen. Wenn wir uns immer und immer wieder stur weigern, über eine Sünde Buße zu tun, gibt uns Gott genau dem preis, das wir nicht loslassen wollen.

In Sprüche 29,1 steht folgende Warnung: »Ein Mann, der trotz Ermahnungen halsstarrig bleibt, wird plötzlich zerschmettert werden ohne Heilung«. Paulus warnt vor denen, die »…Gott…dahingegeben (hat) in den Gelüsten ihrer Herzen in Unreinheit, ihre Leiber untereinander zu schänden«. Warum? Weil »sie…die Wahrheit Gottes in die Lüge verwandelt…haben…« (Röm 1,23-24). Durch jede Sünde verwandeln wir die Wahrheit Gottes in eine Lüge.

Je ehrlicher wir also vor uns selbst und vor Gott werden, desto freier werden wir von dem »Betrug der Sünde«, weil wir dadurch der Gerechtigkeit freie Bahn schaffen.

Untadelig werden

»…in ihrem Mund wurde kein Falsch gefunden; sie sind untadelig« (Offb 14,5).

Untadelig zu werden beinhaltet also von der Unwahrheit loszukommen und von der Sünde und den Täuschungsmechanismen, die sie schützen, frei zu werden. Dennoch wird uns in diesem Befreiungsprozeß kein Erfolg beschieden sein, wenn wir uns nur gelegentlich dem Herrn Jesus hingeben. Unsere Verpflichtung zur Wahrheit muß zu einem Lebensstil werden. Jeder von uns wurde dadurch konditioniert, daß er jahre- und jahrzehntelang in Unglauben, Angst und einer zügellosen Gedankenwelt gelebt hat, die nur noch mehr zu seiner Täuschung beigetragen haben.

Christen, die automatisch davon ausgehen, daß sie von Gott »auserwählt« sind, wiegen sich in der Sicherheit, daß sie nicht getäuscht werden können. Doch der Gedanke »Ich kann nicht getäuscht werden« ist in sich schon eine Täuschung! Wir sollen demütig bleiben und nicht davon ausgehen, daß »berufen« und »auserwählt« austauschbare Begriffe sind. Jesus lehrte uns: »Viele sind Berufene, wenige aber Auserwählte« (Mt 22,14). Die Berufenen müssen viele Prüfungen bestehen, bevor sie von Gott zugerüstet und seine

Auserwählten werden; und eine der wichtigsten Prüfungen besteht darin, von der Täuschung frei zu werden.

Unsere Gedanken wurden von einer Welt geprägt, in der die Ehrlichkeit mit Hilfe von Gesetzen geschaffen werden muß. In unserer Welt verdrehen die Massenmedien absichtlich die Tatsachen, versprechen die Werbestrategen das Unmögliche und die phantastischen Welten der Filme und Bücher ziehen die Menschen in ihren Bann. Die Lüge ist allgegenwärtig und ein Körnchen davon ist in allem; wir müssen auch die Möglichkeit in Betracht ziehen, daß auch die Dinge, deren wir uns absolut sicher sind, in einem gewissen Grad einer Täuschung zum Opfer gefallen sein könnten.

Wir sind uns darüber vielleicht nicht im klaren, doch wir brauchen Offenbarung, um die Wahrheit zu erkennen! Menschen, die uns einmal nett, freundlich und galant zu sein schienen, zeigten oft später ihr wahres Gesicht: Unfreundlichkeit, ja Grausamkeit und Betrug. Auch wir müssen zugeben, daß wir oft besser dastehen wollen, als wir wirklich sind.

Das Bestreben, nach außen hin anders zu sein als im Inneren, hat eine Welt geschaffen, in der man keine Wahrheit finden kann, eine Welt, in der ein Mensch etwas deutlich sehen kann, das für einen anderen unsichtbar ist. Unsere Welt ist so voll von Betrug und Verwirrung, daß wir – wie die Schrift sagt – nach Liebe suchen und die Wahrheit »kaufen« müssen, um das erkennen zu können, was richtig ist (Spr 2,1-5;23,23; 2.Thes 2,10).

Jesus betete: »(Vater), heilige sie durch die Wahrheit: dein Wort ist Wahrheit« (Joh 17,17). Er sagte: »Vater, reinige sie von den Lügen und Illusionen dieser Welt durch Dein Wort, das alles durchdringt«. In Epheser lesen wir, daß Christus die Gemeinde heiligt »...durch das Wasserbad im Wort..., daß sie heilig und tadellos sei« (Eph 5,26-27). Das ist also der Weg der Heiligung: Die Wahrheit anzunehmen und ihr zu gestatten, unser Leben zu heiligen und zu reinigen. Die

Liebe zur Wahrheit ist der Anfang unserer Befreiung von der Sünde.

Kapitel 11

Buße und ein Leben, das Gott heilig nennt

Achten Sie die Buße nicht gering. In Ihrem Leben mit Gott, wird jeder bedeutenden Phase geistlichen Wachstums eine Zeit tiefer Buße vorausgehen.

In der Buße leben

Glaube ist eine absolute Notwendigkeit, um ein reines Herz zu erlangen. Denn wenn Sie nicht einmal glauben, daß Heiligkeit überhaupt erreichbar ist, werden Sie sich auch nie danach ausstrecken. Ohne Buße bleibt der Glaube eine Geisel der Gesetzlosigkeit der Sünde. Gott wird keinem Sünder seine Gunst schenken, der nicht in irgendeiner Hinsicht auf dem Weg der Buße ist. Jakobus sagt uns: »Viel vermag eines Gerechten Gebet in seiner Wirkung« (Jak 5,16).

Die Buße bereitet das Herz auf die Gerechtigkeit vor; die Gerechtigkeit wiederum setzt die Macht des Glaubens frei.

In unser modernes Verständnis der Sünde hat sich ein gravierender Fehler eingeschlichen. Einige Bibelkommentatoren haben ganz beiläufig erklärt, »Sünde« bedeute im griechischen Urtext lediglich so viel wie »das Ziel verfehlen«. Auch wenn es im Griechischen diese Bedeutung hat, dürfen wir doch nicht vergessen, daß Jesus kein Grieche war und weder griechisch sprach, noch in Griechisch lehrte. Der Wortschatz der griechischen Philosophie hatte kein Wort für Sünde. Der Begriff »das Ziel verfehlen« wurde neu geprägt, um die allgemeinste Bedeutung dieses Wortes zu definieren; es ist jedoch bestürzend, wie unzureichend er die Konsequenzen der Sünde beschreibt, denn der Sünde Sold ist der Tod und nicht nur das »Verfehlen eines Ziels« (Röm 6,23).

Im alttestamentlichen Hebräisch finden wir viel plastischere Definitionen von Sünde, die auch Jesu Worte und Gedanken besser wiedergeben. Sünde war für den Juden »awen«, was so viel bedeutete wie »moralisch wertlos«, »schmerzhafte Last« oder »Schwierigkeit«; »amal« bedeutete: »Übel«, »Schwierigkeit«, »Unglück«, »Schaden«, »Klage« oder »Bösartigkeit«; »awon« hieß: »verdrehen«, »pervertieren« oder »beugen«.

Eine der drei möglichen Bedeutungen des Wortes »chata« war »das Ziel verfehlen«; genau genommen war dies jedoch eine untergeordnete Definition und stand nicht in Zusammenhang mit der Lehre Jesu über die Sünde. Wenn wir das, was Jesus unter Sünde verstand, in seiner Gesamtheit betrachten, werden wir erkennen, daß er etwas viel Schlimmeres meinte, als nur mal eben »danebenhauen«. Tatsächlich bezog sich Jesus auf die Sünde, als er sagte: »...wenn ihr nicht Buße tut, werdet ihr alle ebenso umkommen« (Lk 13,3-5). In Bezug auf die Sünde und das Reich Gottes erklärte er: »Und wenn dein Auge dir Anlaß zur Sünde gibt, so wirf es weg! Es ist besser für dich, einäugig in das Reich Gottes einzugehen, als mit zwei Augen in die Hölle des Feuers geworfen zu werden...« (Mk 9,47).

Jesus sagte, daß uns ein Auge, das umherschweift und auf Ehebruch aus ist, vom Himmel fernhalten kann. Warum sollten wir für so ein gemeines Vergnügen einen so hohen Preis zahlen? Sünde bedeutet nicht nur »das Ziel verfehlen«, sondern vielmehr das Reich Gottes verfehlen! Sie bedeutet Tod, wo wir doch echtes Leben haben können!

Hier geht es um eine spezielle Art der Buße, die den meisten von uns fremd ist. Wir sprechen hier von der Buße als Grundeinstellung, als Lebensstil, der bewirkt, daß wir immer und immer wieder vor Gott treten, bis die Frucht der Gerechtigkeit in unserem Leben sichtbar wird.

Die Bibel sagt, daß vor Christus »...ein Mensch (war), von

Gott gesandt, sein Name Johannes« (Joh 1,6). Johannes der Täufer war von Gott gesandt. Seine Taufe in die Buße hinein war nicht der Schlußpunkt, der den Alten Bund vollendete. Sie war der Anfang des Neuen Bundes und bereitete den Boden für ihn vor. Johannes war von Gott als Vorläufer Christi gesandt, der Israel in eine Grundhaltung der Buße hineintaufen sollte (Apg 19,4). Er war berufen, dem Messias vorauszugehen, um »...den Weg des Herrn (zu bereiten)...(und) seine Pfade gerade (zu machen)« (Mk 1,2-3).

Die Buße kommt immer vor dem Offenbarwerden des lebendigen Christus im Leben eines Christen. Das Ziel der Buße ist es, »(vor)zubereiten« und »gerade zu machen«. Wir müssen unbedingt folgendes verstehen: Die Buße des Johannes brachte die Menschen nicht nur dazu, sich zu entschuldigen, sondern vielmehr, ihr Leben hinzugeben.

Echte Buße fährt wie ein Pflug durch das Herz und bereitet den Boden auf neue Ziele und neue Richtungsweisung vor. Sie ist ein lebensnotwendiger Baustein im Gesamtbild des geistlichen Reifungsprozesses. Johannes gebot den Juden: »Bringt nun der Buße würdige Frucht« (Mt 3,8).

Wir müssen weiter erkennen, daß die Buße erst dann vorbei ist, wenn die Frucht sichtbar ist. Dem Sinn nach sagte Johannes: »Wendet euch so lange vom Stolz ab, bis ihr eure Freude an der Demut habt. Tut so lange über eure Selbstsucht Buße, bis die Liebe für euch etwas ganz Natürliches ist. Seid so lange niedergeschlagen über eure Unreinheit, bis ihr rein seid.« Er forderte von den Menschen, so lange in der Buße zu verharren, bis die Frucht sichtbar wurde. Wenn Sie heilig sein wollen, werden Sie so lange in der Buße leben, bis Sie heilig sind.

Der Apostel Johannes sagt: »Wenn wir unsere Sünden bekennen, ist er treu und gerecht, daß er uns die Sünden vergibt und uns reinigt von jeder Ungerechtigkeit« (1.Joh 1,9). Verstecken Sie sich nicht vor Ihren Sünden; bekennen Sie sie. Die Gnade Gottes und das Opfer seines Sohnes reichen voll und ganz aus, um jegliche Sünde zu bedecken und zu vergeben, doch wir müssen um Vergebung bitten. Wir müssen uns demütigen und uns von ganzem Herzen Gott neu unterwerfen. Seien Sie ehrlich bezüglich Ihrer Sünde und er wird Sie davon reinwaschen.

Dazu noch eine Ermahnung: verharren Sie in der Buße und zweifeln Sie niemals an der Großzügigkeit der Gnade Gottes. Wenn Gott uns gebietet, unseren Schuldnern bedingungslos zu vergeben (Mt 18,21-22), dann dürfen auch wir wissen, daß Gott von uns nicht mehr fordert, als von sich selbst. Rufen Sie jedesmal zu ihm, auch wenn Sie 490mal am Tag sündigen. Er wird Ihnen vergeben und Sie auch von der Auswirkung Ihrer Sünde reinigen.

Es gab eine Zeit in meinem Leben, in der ich immer wieder über dasselbe Problem stolperte. Ich war betrübt, hatte Zweifel und rief: »Herr! Wie lange wirst Du mich noch ertragen?« In einer souveränen Demonstration seiner Gnade und Wahrheit antwortete er: »Bis ich Dich vollkommen gemacht habe!«

Die Schrift sagt uns: »…ein Weg zum Leben sind Ermahnungen der Zucht…« (Spr 6,23b). Dies ist kein beschwerlicher Weg, außer für die, die Korrektur ablehnen. Ein Weg zum Leben sind Ermahnungen der Zucht! Jesus sagte: »Ich überführe und züchtige alle, die ich liebe. Sei nun eifrig und tu Buße!« (Offb 3,19). Nicht Gottes Zorn ruft uns zur Buße, sondern vielmehr seine Güte. Folgende Verheißung steht fest: »…daß der, welcher ein gutes Werk in euch angefangen hat, es vollenden wird bis auf den Tag Christi Jesu« (Phil 1,6). Solange wir danach trachten, ihm gleich zu werden, wird seine Ermahnung für uns wie eine Tür in seine Gegenwart sein.

Wenn Sie jedoch bei dem Wort »Buße« zurückweichen, dann nur, weil Sie sich nicht ändern wollen. Sie brauchen diese Botschaft. Wenn der Gedanke an Buße in Ihnen keine düsteren Vorstellungen von Sack und Asche mehr hervorruft, wenn Sie die Korrektur zu freudigem Lobpreis der Gnade Gottes inspiriert, dann dürfen Sie wissen, daß Ihr Geist wirklich rein ist. An diesem Punkt führen Sie ein Leben, das Gott heilig nennt.

Teil 4

Die Flucht vor der Unfaufrichtigkeit

Wir müssen uns selbst fragen: wollen wir lediglich »gerettet« werden, oder wollen wir Christus ähnlich werden? Wenn wir unser Heil nicht darin suchen, wie Christus zu werden, werden wir sehr bald toten Werken und hohlem Betrug verfallen. Unser Heil ist eine Person: der Herr Jesus Christus! Wenn wir seinem Abbild gleich werden, finden wir Heil und Heiligkeit.

Kapitel 12

Vorsicht! Es ist leicht, ein christliches Leben vorzutäuschen!

Unsere christliche Erfahrung muß mehr sein, als nur noch eine weitere Auslegung der Bibel; sie muß zunehmen, bis unser Glaube an Jesus und unsere Liebe zu ihm quasi als »Blitzableiter« für seine Gegenwart fungieren.

Prüfet alles

»...prüft aber alles, das Gute haltet fest!« (1.Thes 5,21).

Würden Sie sich ein Auto kaufen, ohne vorher eine Probefahrt damit gemacht zu haben? Würden Sie sich ein Haus kaufen, ohne es sich vorher anzusehen? Natürlich nicht! Und doch akzeptieren viele von uns verschiedene »Heilspläne«, die uns nicht wirklich vom Elend der Hölle erretten können. Obwohl Jesus gekommen ist, um uns überfließendes Leben zu schenken, bleiben wir doch krank, sündig und selbstsüchtig. Genau wie ein Heilsplan, sieht so ein Auto vielleicht recht gut aus, doch wenn es schon im Stadtverkehr zusammenbricht, sollten wir damit erst recht keine Fahrt übers Land machen. Genauso ist es mehr als tollkühn, zu hoffen, daß uns ein christliches Leben erfolgreich in die Ewigkeit führen wird, wo wir – wenn wir uns nicht bewähren – unter einer ewigen Trennung von Gott leiden werden, wenn dieses Leben noch nicht einmal hier funktioniert, wo wir es noch ausprobieren können. Ich möchte damit jedoch nicht sagen, daß wir erst dann Zugang zum Himmel bekommen werden, wenn jede Lehre stimmt und jede Interpretation perfekt ist. Das christliche Leben ist mehr eine Frage des Herzens und nicht des Verstandes; es geht mehr darum, daß die Liebe reifer wird und nicht die Erkenntnis. Die Wahrheit erweist sich nicht durch intellektuelle Prüfungen als richtig, sondern vielmehr dadurch, daß wir durch sie Tag für Tag, Woche für Woche Christus mehr kennen und liebenlernen.

Jedoch sollten wir keine Angst davor haben, das zu prüfen, was wir glauben. Wie Paulus sagt: »Prüft euch...untersucht euch! Oder erkennt ihr euch selbst nicht, daß Jesus Christus in euch ist? Es sei denn, daß ihr etwa unbewährt seid« (2.Kor 13,5).

Die Kraft der Person Jesu Christi ist in uns; ihm zu glauben, bedeutet, ihm immer ähnlicher zu werden. Wie es geschrieben steht: »...denn wie er ist, sind auch wir in dieser Welt« (1.Jo 4,17). Doch wenn uns eingetrichtert worden ist, das Reich Gottes und das Christentum müssen gar nicht wirklich funktionieren, oder wenn wir gar keine Schwierigkeiten damit haben, daß es keine Heiligkeit und Vollmacht mehr gibt, dann hat sich ein gravierender Fehler in unsere Vorstellung über die Wahrheit eingeschlichen. Wir sollten die Antworten auf drei wichtige Fragen suchen:

Erstens

Ist mein Glaube effektiv? Betreiben Sie hier keine Schönfärberei. Fragen Sie sich ehrlich, ob Ihre Gebete erhört werden und ob Ihr Leben Gott immer wohlgefälliger wird.

Zweitens

Wenn meine Lehrsätze nicht funktionieren – warum? Vielleicht ist Ihre Theologie völlig in Ordnung, Sie sind nur faul. Vielleicht sind Sie sehr ernsthaft, haben jedoch die falsche Lehre angenommen. Wie auch immer – Sie müssen herausfinden, warum so vieles nicht funktioniert.

Drittens

Wenn ich sehe, wie die Frucht und die Kraft des Heiligen

Geistes im Leben anderer Christen offenbar wird – wie hat er (oder sie) diese Gnade von Gott empfangen? Scheuen Sie sich nicht davor, wie ein Jünger unter der Salbung des Dienstes eines anderen Christen zu sitzen. Gottes Wort sagt uns: »Wer einen Propheten aufnimmt in eines Propheten Namen, wird eines Propheten Lohn empfangen« (Mt 10,41). Gott schenkt seinen Dienern Offenbarung, Erkenntnis und andere geistliche Gaben als »Belohnung«. Lernen Sie von denen, deren Glaube funktioniert. Das entscheidende Kriterium, ob eine Lehre funktioniert oder nicht, ist das Leben, das aus ihr hervorgeht. »Hieran erkennen wir, daß wir in ihm sind. Wer sagt, daß er in ihm bleibe, ist schuldig, selbst auch so zu wandeln, wie er gewandelt ist« (1.Joh 2,5-6). Wenn wir konsequent und beharrlich mit Christus gehen, wird unser Leben letztendlich dem Leben Christi gleichen. Wir werden wandeln, wie er gewandelt ist, nämlich in Heiligkeit und Vollmacht.

Tatsache ist jedoch, daß, wenn der »Gott« irgendeiner unserer christlichen Strömungen sterben würde, die meisten Mitglieder dieser Gemeinden entweder geistlich schon zu tot oder in ihren Verrichtungen zu beschäftigt sein würden, um dessen Abwesenheit zu bemerken. Viel zu oft nehmen Christen eine Lehre »im Glauben« an – jedoch nicht im Glauben an den lebendigen Gott, sondern im Glauben, daß ihre gemeindlichen Lehrprinzipien richtig sind. Wir geben uns unbewußt der Hoffnung hin, daß der, der uns lehrt, schon keinen Fehler gemacht haben wird.

Wir müssen erkennen, daß alle unsere Lehrer fehlbar sind. Jesus sagte: »Seht zu, daß euch niemand verführe!« (Mt 24,4). Jeder einzelne von uns ist dafür verantwortlich, daß er keinem Betrug auf den Leim geht. Ohne argwöhnisch oder mißtrauisch zu werden, müssen wir in Demut noch einmal die Lehre prüfen, die wir empfangen haben. Jede gute Lehre zeichnet sich dadurch aus, daß sie uns zurüstet, Gottes Willen zu tun oder uns dem Herzen Gottes näherbringt. Wenn eine dieser beiden Zielsetzungen fehlt, ist die Lehre wie Stroh (1.Kor 3,12).

Die Vollmacht eines gottgefälligen Lebens

Diese Lektion richtet sich nicht an »schlechte Menschen« oder Sünder; sie ist für alle unter uns gedacht, die »gute Menschen« sind und denken, nett zu sein, sei das gleiche, wie die Wahrheit zu kennen. So ist es aber nicht. Wir können unseren Eltern danken, daß unser Charakter ganz in Ordnung ist, doch wenn wir die Wahrheit kennen wollen, müssen wir Gott suchen, und bereit sein, ihm zu gehorchen. In Matthäus 24 warnt Jesus fünfmal vor Irreführung in den letzten Tagen (Verse 4,5,11,23-24,26). Wenn uns diese Warnungen nicht im allergeringsten beunruhigen, dann nur deshalb, weil wir unsere Ignoranz mit Arroganz schützen und meinen, unsere Gedanken müssen richtig sein, nur weil sie unserem Hirn entspringen. Jeder von uns hat Bereiche in seinem Leben, die der Korrektur bedürfen. Wenn wir uns nicht korrigieren lassen, wenn wir bei Gott nicht eine wachsende Offenbarung seines Sohnes suchen, ist es wahrscheinlich, daß unser sogenannter »Glaube« in Wirklichkeit nur eine faule Gleichgültigkeit ist, und nicht mehr als irrige Gedanken über die Dinge, die Gott betreffen. Unbewußt möchten wir vielleicht sogar einer toten Religion huldigen, damit wir uns nicht zu ändern brauchen.

Ja, es ist richtig, daß wir viele Dinge im Glauben annehmen sollen. Doch Glaube bedeutet nicht, die Hand auszustrecken und uns von einem anderen Blinden leiten zu lassen. Er ist keine Entschuldigung dafür, ohnmächtige Lehrsätze zu rechtfertigen. In einem wahren Glauben lebt die Kraft Gottes.

Die Kraft, die in der Heiligkeit liegt

»Dies aber wisse, daß in den letzten Tagen böse Zeiten eintreten werden; denn die Menschen werden…eine Form der Gottseligkeit haben, deren Kraft aber verleugnen…« (2.Tim 3,1-5).

Heiligkeit ist kraftvoll. Haben Sie schon einmal einen wirklich heiligen Mann gesehen? Sein gottgefälliges Leben hat Kraft. Wer jedoch noch nie einen heiligen Mann gesehen hat, für den wird es sehr leicht sein, ein christliches Leben vorzutäuschen. Vergessen Sie nie: die Falschheit ist ein ganz natürlicher Charakterzug des menschlichen Herzens; es kostet viel Mühe, wahrhaftig zu werden. Wenn wir uns nicht nach geistlicher Reife ausstrecken, wird unsere Unreife unsere Vorstellung von Gott prägen. Wir zeigen auf den Allmächtigen und sagen: »Er möchte gar nicht mehr, daß wir ein Leben führen, das ihm gefällt«; doch in Wirklichkeit haben wir nur die Maßstäbe seines Reiches heruntergeschraubt.

Sie müssen unbedingt wissen, daß wir in dem Moment beginnen, ein christliches Leben vorzuspiegeln, wenn wir aufhören, Gott zu gehorchen.

Die »Erkenntnis des Herrn« ist kein zehnwöchiger Kursus, den wir bestehen müssen; sie bedeutet, mehr und mehr Erfahrungen mit Jesus Christus zu machen. Sie beginnt mit der Wiedergeburt und dem Glauben an Jesus, doch sie geht weiter, bis wir bei der Heiligkeit, Vollmacht und Vollkommenheit Christi angelangt sind.

Wenn wir an Reife zunehmen, erkennen wir allmählich, daß der Geist Christi tatsächlich in uns wohnt. Das Kreuz ist keine Theorie mehr, über die wir nachgelesen haben; es steht vor uns und konfrontiert uns mit unseren eigenen »Gethsemanes« und »Golgothas« – aber auch mit unseren »Auferstehungen«, durch die wir geistlich zur Gegenwart Gottes aufsteigen. Wir sprechen mit Paulus: »Ich bin mit Christus gekreuzigt, und nicht mehr lebe ich, sondern Christus lebt in mir; was ich aber jetzt im Fleisch lebe, lebe ich im Glauben an den Sohn Gottes, der mich geliebt und sich selbst für mich hingegeben hat« (Gal 2,20).

Lassen Sie sich nicht irreführen! Erheben Sie an Ihre Theologie den Anspruch, daß sie auch wirklich funktioniert – Ihr ewiges Heil hängt immerhin davon ab! Wenn Christus in uns wohnt, dann sollen wir heilig und vollmächtig leben. Es gibt keine Entschuldigungen. Wenn wir nicht heilig sind, oder wenn wir die Kraft eines gottgefälligen Lebens nicht kennen, dann dürfen wir dafür nicht Gott die Schuld geben. Denn es steht geschrieben: »Gott ist wahrhaftig, jeder Mensch aber Lügner« (Röm 3,4). Wir wollen Gott beharrlich suchen, bis wir ihn finden und bis wir entdecken, »was (uns noch) fehlt« (Mt 19,20-21). Wir müssen »ihm aber nach(jagen), ob ich es auch ergreifen möge, weil ich auch von Christus Jesus ergriffen bin« (Phil 3,12).

Wie lange sollten wir ihn suchen? Wenn wir unser ganzes Leben und unsere gesamte Energie investieren würden, um für nur drei Minuten wirklich wie Christus zu sein, dann hätten wir recht gelebt. Wir würden sagen wie Simeon im Alter: »Nun, Herr, entläßt du deinen Knecht nach deinem Wort in Frieden; denn meinen Augen haben dein Heil gesehen« (Lk 2,29-30). Wir wollen einer christlichen Lehre nicht nur vom Verstand her zustimmen; wir wollen in der erfahrbaren und tatsächlichen Realität der Gegenwart Gottes leben, sie sehen und mit ihr Gemeinschaft haben. Sobald wir uns mit weniger zufrieden geben, wird unser christliches Leben unaufrichtig.

Kapitel 13

Ein Herz, das keinem Götzen dient

Wenn wir das erste Mal zu Jesus kommen, nimmt er uns an, so wie wir sind, mit all unseren Sünden, Problemen usw. Nachdem er unserer Not Abhilfe verschafft hat, entdecken wir mehr und mehr, daß Gott auch etwas von uns möchte. Er möchte unsere Anbetung. Doch eine wahre Anbetung ist das Resultat, die Folge daraus, Gott so zu sehen, wie er wirklich ist. Sie strömt ganz natürlich aus einer Seele, die durch Liebe gereinigt wurde; sie strömt wie ein Wohlgeruch aus einem Herzen, das keinem Götzen dient.

Der Gott, dessen Name »Eifersüchtig« ist

Christus zerstört nicht selbst die Götzen der Sünde und der Selbstsucht in uns – er zeigt sie uns vielmehr und fordert uns auf, sie zu zerstören. In dieser Botschaft geht es um Buße. Wenn Sie sich diesem Wort entziehen, zeigt das nur um so deutlicher, daß Sie Buße brauchen. Ja, wir sprechen von einer Art der Buße, die derjenige nicht kennt, der nur um Vergebung bittet, sich jedoch nicht ändert. Wir sprechen von einer radikalen Buße – einem wachsamen Lebensstil der Buße, der es nicht zuläßt, daß die Sünde oder das Ego in unserem Herzen zu einem Götzen wird.

In 2.Mose lesen wir, was Gott von Götzen hält: »Hüte dich, mit den Bewohnern des Landes, in das du kommen wirst, einen Bund zu schließen, damit sie nicht zur Falle werden in deiner Mitte! Vielmehr sollt ihr ihre Altäre niederreißen, ihre Gedenksteine zertrümmern und ihre Ascherim ausrotten. Denn du darfst dich vor keinem anderen Gott anbetend niederwerfen; denn der Herr, dessen Name »Eifersüchtig« ist, ist ein eifersüchtiger Gott« (2.Mo 34,12-14).

Der Charakter Christi hat viele Seiten. Er ist der Gute Hirte, unser Erlöser und unser Heiler. Die Tatsache, daß wir Christus brauchen, fungiert wie ein Filter, durch den hindurch wir Gott erkennen. Er hat das so gewollt, denn er ist die einzige Antwort auf unsere unzähligen Probleme.

Doch wie sieht Jesus uns? Mit seinen Augen gesehen ist die Kirche seine Braut: Gebein von seinem Gebein und Fleisch von seinem Fleisch (Eph 5,22-32). Er hat uns nicht errettet, damit wir nun wieder uns selbst leben können. Wir sind für ihn gerettet worden (Kol 1,16). Eine echte Bekehrung ist eine Verlobung. Er reinigt uns für unsere Hochzeit. Aus seiner Perspektive gesehen ist unser Unabhängigkeitstreben Götzendienst. Es entfacht das Feuer seiner Eifersucht.

Eine gelegentliche Sünde kann man nicht als einen Götzen bezeichnen; ein Götze herrscht über uns und macht uns zu seinem Sklaven. Für die einen ist die Angst ein Götze, für die anderen die Lust; für wieder andere die Rebellion oder der Stolz. Was auch immer Jesus sein Recht auf unser Herz streitig macht, wird zu seinem Feind, den er mit sich konfrontieren wird. Weil wir seine Braut sind und der Herr ein eifersüchtiger Bräutigam ist, wenn es um diese falschen Götter geht, fordert er von uns, diese Götzen selbst zu vernichten.

Aus der obigen Schriftstelle können wir entnehmen, daß Jesus nicht möchte, daß wir diesen verborgenen Altar für die Sünde »vorsichtig« umstürzen, damit wir ihn ja nicht zerbrechen; vielmehr gebietet er uns: »REIßT IHN NIEDER!« Er bittet uns nicht in aller Höflichkeit, unseren Turm des Stolzes Schräubchen für Schräubchen abzumontieren; stattdessen fordert er: »HAUT IHN IN STÜCKE!«. Wenn er uns so einen Götzen in unserem Inneren zeigt, müssen wir ihn völlig zerstören. Es ist unmöglich, insgeheim noch mit der Möglichkeit zu liebäugeln, später wieder zu diesem Götzen zurückzukehren. Er muß vernichtet werden.

Es ist Ihnen vielleicht noch nie bewußt geworden, daß Sie einen Götzen anbeten. Sie stehen ja nicht jeden Morgen vor einer Baalsstatue und preisen ihn als Ihren Gott. Doch wir beten nicht die Götzen der Heiden an, die vor Urzeiten lebten. Alles in unserer heutigen Welt ist perfekt ausgeklügelt – so auch der Götzendienst. Paulus spricht vom Antichrist, der in den letzten Tagen erscheinen wird und der »sich widersetzt und sich überhebt über alles, was Gott heißt oder ein Gegenstand der Verehrung ist, so daß er sich in den Tempel Gottes setzt und sich ausweist, daß er Gott sei« (2.Thes 2,4).

Wo ist der Tempel Gottes auf Erden? Ist er ein Gebäude? Vielleicht, doch in allen anderen Schriftstellen meint Paulus mit dem »Tempel Gottes« die Gemeinde. Auch wenn Paulus hier von einem Mann spricht, der als »Gott« im Tempel zu Jerusalem sitzt, mußte doch dieser Mann irgendwann in seinem Leben einmal damit begonnen haben, zu glauben, »daß er Gott sei«. Wir wollen den Antichrist so sehen wie der Apostel Johannes: er verstand darunter nicht nur einen Mann, der irgendwann auf Erden erscheinen wird, sondern auch einen geistlichen Feind, der das wahre Christentum infiltrieren und letztlich ersetzen will (1.Joh 2,18; 4,3). Der Geist des Antichrists ist ein Geist der Religiosität; er manifestiert sich in Denkweisen von Menschen, die sich weigern, von Jesus oder irgend jemand anderem Lehre und Korrektur anzunehmen. Der Geist des Antichrists hat sich in weiten Teilen der heutigen Kirche breitgemacht; er widersetzt sich dem Wirken Gottes und gibt vor, Gott zu sein.

Einfach ausgedrückt kann man sagen, daß der Geist des Antichrists das »Ich« zur Gottheit erhebt. Verstehen Sie, der Geist des Antichrists arbeitet viel unterschwelliger als irgend jemand, der der Welt auf einmal verkündet, er sei der Schöpfer. Unsere Welt wäre viel zu klug für so ein Verhalten. In unserer Zeit müssen wir den Einfluß des Antichrists in unseren religiösen Traditionen suchen: sind diese Traditionen in der Schrift oder auf Menschen gegründet? Noch wichtiger als die Traditionen zu durchleuchten, ist die Notwendigkeit, die Prägung unserer fleischlichen Gedanken durch den Geist des Antichrists zu erkennen. Gibt es etwas in Ihrer Seele, das sich gegen Gott erhebt und ihm widersteht, etwas, das sich in den menschlichen Tempel Gottes setzt, mit dem Allmächtigen streitet und sogar vorgibt, Gott zu sein? Ihr innerer Widerstand gegen Gott ist der mächtigste Götze, der im Herzen eines Menschen wohnen kann.

Jedoch steht die falsche Gottheit, die das Ich zum Herrscher kürt, nicht allein im Herz des Menschen. Der alte römische Gott Merkur müßte sich sehr anstrengen, um mit den heutigen Götzen der Ängstlichkeit und der Hastigkeit Schritt halten zu können. Die Welt hat den Schrei nach Blut, der einst in den alten römischen Arenen wiederhallte, in gewalttätigen Filmen zum Ausdruck gebracht. Sie läßt die alten griechischen Fruchtbarkeitsgöttinnen in denen weiterleben, die in Theaterstücken und im Fernsehen Sex zu einem Götzen erheben. Der Mensch hat die heidnischen Tempel von ihren exponierten Standorten auf Hügeln und Bergen in die verborgenen Winkel des Herzens versetzt.

Wenn wir Geld, unsere gesellschaftliche Stellung oder Sex über das Wort Gottes erheben, betreiben wir Götzendienst. Jedesmal wenn wir in unserem Herzen vor den Götzen der Angst, der Bitterkeit und des Stolzes kapitulieren, beugen wir uns den Mächten der Finsternis. Jeder dieser Götzen muß zerstört, in Stücke gerissen und kompromißlos aus den Winkeln unseres Herzens hinweggefegt werden.

»Ich bin ein eifersüchtiger Gott«

»Denn du darfst dich vor keinem anderen Gott anbetend niederwerfen; denn der Herr, dessen Name »Eifersüchtig« ist, ist ein eifersüchtiger Gott« (2.Mo 34,14).

Der Herr sagte nicht, er sei manchmal eifersüchtig; er sagte, sein Name, der sein Wesen wiederspiegelt, sei »Eifersüchtig«. Gleich nach seinem Namen »ICH BIN« kommt sein Name »EIFERSÜCHTIG«.

Die Liebe Gottes ist kein diffuses Prinzip eines »höheren kosmischen Bewußtseins«. Seine Liebe dreht sich um uns, und wirbt eifersüchtig um jeden einzelnen von uns. Er »ruft seine eigenen Schafe mit Namen« (Joh 10,3). Jesus kennt Ihren Namen. Er liebt Sie ganz persönlich. Die Tatsache, daß er eifersüchtig um jeden einzelnen von uns wirbt, sich um uns kümmert und uns in jeder Hinsicht versorgt, sowie die Tatsache, daß er sich demütigen ließ und starb, um für unsere Sünden zu zahlen, demonstriert, mit welch großer Liebe er uns liebt. Er gab alles. Er ist würdig, alles zu bekommen.

Er liebt uns mit einer vollkommenen und eifersüchtigen Liebe. Diese Eifersucht ist nicht mit der kleinkrämerischen, besitzergreifenden und unsicheren Eifersucht von uns Menschen zu vergleichen. Er sitzt nicht im Himmel, schlägt die Hände über dem Kopf zusammen und quält sich mit der Frage, was wir eigentlich über ihn denken. Seine Eifersucht beruht auf seiner reinen Liebe zu uns und auf seinem Wunsch, uns zu segnen und unserem Leben die Erfüllung in ihm zu schenken. Er versteht uns und weil er unsere Schwächen kennt »…sehnt er sich (eifersüchtig) nach dem Geist, den er in uns wohnen ließ« (Jak 4,5). Seine Verheißung ist zuverlässig: »Ich will dich nicht versäumen noch verlassen« (Hebr 13,5). Er weigert sich, mit seiner Liebe zu uns aufzuhören. Sie sehen sich vielleicht selbst als Sünder, als einen nicht gerade liebenswerten Menschen – gerade so, als ob niemand etwas mit Ihnen zu tun haben möchte – aber Jesus will Sie.

Am Anfang meines Dienstes habe ich verschiedene Menschen buchstäblich abgeschrieben, die in meinen Augen völlig unempfänglich für Gott waren. Im Lauf der Jahre fand ich dann heraus, daß genau diese Menschen nun mit Gott gingen. Jesus ist treu. Er liebt Sie mit einer Liebe, die sich eifersüchtig um Sie als Person bemüht.

Gott weiß jedoch auch, daß die Götzen Ihres »Ego's« und Ihrer Sünde vernichtet werden müssen, damit Sie seine Liebe erfahren können. Als Beweis unserer Absichten und unserer Liebe zu ihm fordert er uns auf, diese Götzen zu zerstören. Möchten Sie gerne heilig sein? Dann fegen Sie die Götzen Ihres Ichs und Ihrer Sünde aus Ihrem Innersten hinweg. Denn in einer Seele, die durch Liebe gereinigt wurde, wohnt die Heiligkeit und sie strömt wie ein Wohlgeruch aus einem Herzen, das keinem Götzen dient.

Kapitel 14

Der Götze der falschen Erkenntnis

Wir müssen nicht lange nachdenken, um zu verstehen, daß die Sünde selbst zu einem Götzen werden kann, zu einem falschen Gott, der unseren Gehorsam fordert. Doch Seite an Seite mit der Sünde steht der Götze der falschen Erkenntnis.

Seht zu, daß euch niemand irreführt

Ein Großteil unserer christlichen Erfahrung entsteht dadurch, daß wir Erkenntnisse annehmen und verdauen. Am Anfang unserer Beziehung zu Christus ist unsere Aufmerksamkeit auf die Linderung unserer Not gerichtet. Leider ist unsere geistliche Fähigkeit der Unterscheidung nur mangelhaft ausgebildet; deshalb akzeptieren wir oftmals eine falsche Erkenntnis, die unser Wachstum hemmt, ja sogar verhindert. Ohne wirklich im Herrn heranzureifen, werden wir lediglich mit den Vorstellungen unserer allerersten Lehrer indoktriniert – und nicht alle dieser Vorstellungen sind richtig.

Wir haben das Gefühl, meilenweit von den Kirchen entfernt zu sein, die ihre Säle mit Heiligenstatuen und -bildern schmücken. Doch ein falsches Gottesbild kann genauso leicht in unserem Sinn Gestalt annehmen, wie die Figur eines Heiligen in Gips – und es wird genauso leblos sein. Wenn unsere Erkenntnis Gottes nicht vom Leben und der Kraft Gottes erfüllt ist, dann wird die bloße Erkenntnis in uns zu einem Götzen.

Wir alle haben Vorstellungen und Bilder von Gott, die nicht richtig sind und die der Heilige Geist hinauswerfen würde, wenn wir ihn nur ließen. Gemeint sind hier kulturelle Traditionen und althergebrachte Lehrmeinungen, die tief in uns verwurzelt sind. Je mehr von diesen falschen Vorstellungen in uns existieren, desto mehr wird die Kraft des Lebens Christi durch sie gefiltert und abgeschwächt. Einzelpersonen, Gemeinden, ja sogar Nationalitäten prägen durch ihre speziellen Charakteristika unsere Vorstellung von Gott. Arme und reiche Nationen gehen in gleicher Weise davon aus, daß der Allmächtige Schöpfer so lebt und denkt wie sie. Sie dienen nicht Gott, sondern ihrem spezifischen Gottesbild. Jedoch der Lebendige ist weder Kaukasier noch Schwarzer. Er ist weder Grieche noch Jude, weder Katholik noch Protestant. Er ist Gott! Und wie der Psalmist schrieb: »Unser Gott ist in den Himmeln; alles, was ihm wohlgefällt, tut er« (Ps 115,3).

Wir können den Herrn nicht dazu bringen, so wie ein Amerikaner zu denken. Er ist der souveräne Schöpfer, die Lebensquelle des Universums. Auch wenn sich unser Fleich vielleicht mit einem Götzen »sicherer« fühlt als mit dem Lebendigen Gott, kann uns ein Götze weder von den Toten auferwecken, noch uns heilen, wenn wir krank sind, noch uns von uns selbst und vom Teufel befreien. Warum tolerieren wir tote Götzen, obwohl sie uns nicht helfen können? Weil sie uns weder schaden, noch unserer Sünden überführen können. Wir erkennen nicht, welche Konsequenzen es nach sich zieht, wenn wir Götzen in uns tolerieren: »Ihnen gleich sollen die werden, die sie machten, ein jeder, der auf sie vertraut« (Ps 115,8).

In Matthäus 24 warnte Jesus vor der gewaltigen Macht der Täuschungen, die in den letzten Tagen gang und gäbe sein werden. Er begann seine Beschreibung mit der Warnung »Seht zu, daß euch niemand verführe! (V.4). In den folgenden 22 Versen wiederholt er fünfmal, daß viele irregeführt werden; er warnt vor falschen Messiassen, falschen Lehrern, falschen Propheten und vor »große(n) Zeichen und Wunder(n)…um…wenn möglich, auch die Auserwählten zu verführen« (V.24). Doch mitten in dieser prophetischen Offenbarung erklärte der Herr: »Und dieses Evangelium des Reiches wird gepredigt werden auf dem ganzen Erdkreis, allen Nationen zu einem Zeugnis...« (V.14). Beachten Sie hier den Ausdruck »dieses Evangelium«. Das Evangelium, und zwar genau so wie Jesus es gelehrt hat, mit seiner Kraft zu heilen, zu befreien und die Menschen zu heiligen, wird allen Nationen zu einem Zeugnis gepredigt werden, »...und dann wird das Ende kommen« (V.14).

Im gleichen Kapitel sagte Jesus: »Der Himmel und die Erde werden vergehen, meine Worte aber sollen nicht vergehen« (V.35). Weil Jesus wußte, daß seine Auserwählten seine Botschaft nie verwässern würden, konnte er mit so einer Zuversicht sprechen. Und wenn sich auch auf der Erde falsche Lehren, Betrug, trügerische Zeichen und Wunder, Pseudo-Salbungen etc. wie ein Lauffeuer verbreiten, wird dennoch das Evangelium vom Reich Gottes – das Evangelium Christi – als Zeugnis seiner Wiederkunft verkündigt.

Was ist nun das »Evangelium des Reiches«? Es ist die gesamte Botschaft Jesu Christi. Sie ist herausfordernder, erfüllender, heiliger und vollmächtiger als das typische »Evangelium« der amerikanischen Christen. Sagte Jesus nicht über den, der das Reich Gottes gefunden hat: »...vor Freude darüber geht er hin und verkauft alles, was er hat...« (Mt 13,44). Sobald man es gefunden hat, muß man mehr danach trachten als nach dem täglichen Brot und nach Kleidung; es ist ein so unvergleichlicher Schatz, daß man lieber an dem Verlust einer Hand oder eines Auges leiden soll, als das Reich zu verlieren (Mt 6,33; Mk 9,47). Das Evangelium kostet uns alles und schenkt uns das Beste, das Gott hat. Inmitten einer weltlichen Gesinnung, eines lauwarmen Christentums und offensichtlicher Täuschungen ist dieses Evangelium des Reiches die Botschaft, die laut Jesus in den letzten Tagen verkündet werden wird.

Wenn wir auf etwas hören, das uns nicht konsequent auf dem Weg ins Reich Gottes hält, wenn wir an Heiligkeit und

Vollmacht nicht wie Jesus werden, gehen wir irre und diese trügerische Erkenntnis ist ein Götze.

Gott ist größer als unsere Gotteserkenntnis

Denken Sie daran, daß es höchst unwahrscheinlich ist, daß alles, was wir von Anbeginn unseres geistlichen Lebens an gelehrt worden sind, auch wirklich von Christus ist. Wir dürfen es deshalb nicht zulassen, daß unsere Gedanken über Gott so unveränderlich werden wie Gott ist, denn wir gehen immer weiter und es gibt noch viel zu lernen, neu zu lernen und zu vergessen. Der Herr möchte, daß wir in ihm und nicht in unseren Vorstellungen von ihm verwurzelt sind. Wir müssen uns seiner Liebe so sicher sein, daß wir eine falsche Vorstellung mit Stumpf und Stiel ausreißen können; ein Götze ist und bleibt ein Götze.

Wenn Sie denken, Gott sei religiös, hilft Ihnen vielleicht folgendes: im Garten Eden gab es keine Religion und der einzige Tempel, in dem Gott auf Erden wohnt, ist der Tempel unseres Leibes. Im Buch der Offenbarung drückt Johannes dies sehr deutlich aus. Über den Himmel sagt er: »Und ich sah keinen Tempel in (ihm)...« (Offb 21,22). Das Reich Gottes ist keine Religion, sondern vielmehr eine sich immer weiter ausdehnende und alles andere verzehrende Beziehung mit Jesus Christus. Sie läßt sich in etwa so gut mit einer Religion vergleichen, wie ein strahlender Engel mit einem finsteren Geist.

Der Vater möchte nicht, daß wir einer Sache dienen oder Anbetung bringen, die so klein ist, daß sie von unserer begrenzten menschlichen Vorstellungskraft ausgelotet werden könnte. Er ist größer als unsere Vision von ihm. Erkenntnis ist wichtig, doch ist sie nur symbolisch; sie ist niemals das eigentliche Wesen der Realität, sondern immer nur ein Spiegelbild davon. Unsere Gedanken können uns helfen, doch reichen sie nicht aus. Sogar über die Bibel selbst sagte Jesus:

»Ihr erforscht die Schriften, denn ihr meint, in ihnen ewiges Leben zu haben, und sie sind es, die von mir zeugen; und ihr wollt nicht zu mir kommen, damit ihr Leben habt« (Joh 5,39-40).

Unser Leben kommt nicht aus der Bibel, sondern von Jesus. Die Autoren der Bibel schrieben, um Zeugnis über ihn abzulegen. Die Propheten des Alten Testaments prophezeiten über ihn; die Schreiber des Neuen Testaments greifen auf ihn zurück.

Wenn wir wirklich verstehen würden, was sie geschrieben haben, müßten wir auch den finden, den sie gefunden haben.

Verstehen Sie, wir suchen nicht das Verständnis, wir suchen Gott! Wir hungern nicht nach Fakten, sondern nach der Fülle (Mt 5,6). Gott ist größer als jegliche menschliche Gotteserkenntnis. Wenn wir uns wirklich dem Lebendigen Gott nähern, wird unsere Erkenntnis demütig im Schatten der Ehrfurcht und der Faszination stehenbleiben.

Wir wollen das Verhältnis zwischen Gott selbst und unserer Erkenntnis von ihm etwas näher betrachten. Die Erkenntnis sagt uns, daß Gott ewig ist, doch »ewig« ist für uns eben nur ein Wort. Wie muß sein Leben aussehen, wenn Milliarden Jahre in ihm Anfang und Ende haben? Unsere Lehren sagen uns, daß er der Schöpfer ist. Doch welche Macht muß von ihm ausgehen, wenn durch sein Wort ganze Galaxien geschaffen und die Erde mit Leben erfüllt wird? Unsere Definitionen sagen, er sei allgegenwärtig und allwissend, doch können Sie mit Ihrer Erkenntnis beschreiben, wie es möglich ist, daß er an allen Orten zugleich ist und daß er über jeden von uns Bescheid weiß – ja bis hin zu der Zahl der Haare auf unserem Kopf?

Unsere Worte über ihn sind unendlich unzureichend, um sein wahres Wesen zu beschreiben. Verglichen mit den Realitäten, die uns erwarten, ist unsere jetzige Erkenntnis lediglich wie Muttermilch. Unsere Lehren besänftigen bestenfalls unsere Ängste und geben unserem Glauben eine Struktur.

Doch herrscht in der Realität seiner Gegenwart nicht ein Friede, der höher ist als alle Vernunft? Finden wir dort nicht eine Liebe, die die Erkenntnis übersteigt (Phil 4,7; Eph 3,19)? Wie sollen wir den »unausforschlichen Reichtum des Christus« (Eph 3,8), wie Paulus sagt, messen und beschreiben?

Es ist ein Unterschied, ob wir Antworten suchen oder den Herrn selbst. Es ist ein Unterschied, ob wir etwas in einem Buch – aus zweiter Hand – erkennen, oder ob wir dem Lebendigen Gott begegnen. Gott muß genauso real, erfüllend und allesverzehrend für uns werden, wie es die Welt war, als wir noch Sünder waren.

Deshalb müssen unsere Herzen ausrufen: »Laßt Gott GOTT sein! Er soll für uns derjenige sein, der er wirklich ist!« Rechte Erkenntnis ist absolut notwendig, doch wir wollen mehr als bloße Erkenntnis. Wir möchten, daß die Gegenwart des Allmächtigen die Leere unserer Lehre mit ihm selbst ausfüllt.

Es gibt eine kleine Geschichte über den Hl. Augustinus, die das verdeutlicht: Augustinus ist in den Augen vieler der größte der Kirchenväter und einer der herausragendsten Lehrer der westlichen Kirche überhaupt. Mehr als tausend Jahre lang legten seine Schriften einen Grund für das christliche Denken. Zu seinen bekanntesten Werken gehören die »Bekenntnisse« und der »Gottesstaat«. Gegen Ende seines Lebens lag er auf dem Sterbebett inmitten seiner engsten Freunde. Er hörte auf zu atmen, sein Herz blieb stehen und ein großer Friede erfüllte den Raum, als er zu seinem Herrn ging. Plötzlich öffnete er seine Augen noch einmal; sein fahles Gesicht strahlte als er sagte: »Ich habe den Herrn gesehen. Alles, was ich geschrieben habe, ist wie Stroh«.

Wir haben wohl unsere Vorstellungen und eine ziemlich genaue biblische Erkenntnis; wir hatten Träume und Visionen, doch alles, was wir zu wissen glauben, ist, verglichen mit der Wirklichkeit der Gegenwart Gottes, nur Stroh. Der Herr ist größer, wunderbarer, mächtiger als die Summe aller Erkenntnisse über ihn. Er ist Gott und »was ihm wohlgefällt, tut er« (Ps 115,3).

Warum investieren wir unsere Gedanken und unsere Energie in die Buße über den Götzendienst? Weil der Lebendige Gott selbst in genau den Punkten gegenwärtig sein will, in denen die Götzen unseres »Ego's« und falsche Erkenntnis nisten. Der wahre und ewige Gott läßt sich nicht mit den falschen Göttern dieser Welt verschmelzen. Wir können nicht zwei Herren dienen. Wir können nicht seine Kraft und Heiligkeit in unserem Leben haben, ohne ihn selbst in unserem Leben zu haben. Und wenn wir nicht fortwährend in sein heiliges und vollmächtiges Abbild umgestaltet werden, dienen wir vielleicht einem Götzen, dem Götzen der falschen Erkenntnis.

Teil 5

Wie süß schmeckt die heilige Frucht!

Die Heiligkeit hat etwas Gewinnendes, etwas Wunderbares und Attraktives an sich. Wenn wir nach Heiligkeit trachten, streben wir danach, uns mit himmlischer Freude zu umgeben. Ein heiliges Leben zu führen bedeutet, an der Quelle wirklicher Freude zu wohnen. Es bedeutet, das Leben mit den Augen Gottes zu sehen, und sich am Leben zu freuen, wie Gott selbst.

Kapitel 15

Heiligkeit ist wie ein Baum, der reife Früchte trägt

»Die Heiligkeit ist das wesentlichste Merkmal Gottes; sie ist die Herrlichkeit, der Glanz und die Harmonie in allen Aspekten seiner Vollkommenheit.«

(Samuel Fallows, Pop.& Cri.Bib.Encyc.)

Wahre und falsche Heiligkeit

Das Wort »Heiligkeit« bedeutet »sich unterscheiden, abgesondert sein«; jedoch das ursprüngliche hebräische Wort für »Heiligkeit« kann auch bedeuten: »strahlen; rein, neu oder frisch sein; makellos sein«. Ein Effekt der Heiligkeit ist es, von der Sünde getrennt zu sein; wir können die Heiligkeit jedoch nicht einfach dadurch erreichen, daß wir uns von der Sünde absondern. Die Heiligung ist nicht die Folge des Nichtvorhandenseins der Sünde in unserem Leben; die Heiligkeit kommt durch die Gegenwart Gottes. Vielleicht »berühren Sie keine unreinen Dinge«, doch wenn Sie nicht in Liebe mit Gott, dem Vater, vereint sind, werden Sie wahre Heiligkeit nie kennenlernen; alles, was ihnen bleibt, ist Religion. Christus in uns ist unsere Heiligkeit, denn je enger unsere Beziehung zu ihm ist, desto mehr spiegeln wir seine Heiligkeit wider.

Sie haben vielleicht Ihre eigenen Vorstellungen davon, was Heiligkeit eigentlich ist; doch denken Sie daran, daß Jesus der heiligste Mann war, der je auf Erden gelebt hat und – er war nicht die Spur religiös. Was ist nun »Religiosität«? Es ist eine Grundhaltung, die die äußere Form und den

Ritualismus als Maßstab für Gerechtigkeit mehr betont, als eine reine Gesinnung. Die Pharisäer sind ein Beispiel für einen religiösen Lebensstil.

Doch bevor wir die Pharisäer einfach vorschnell verurteilen, soll eine kurze Betrachtung ihrer Ursprünge helfen, daß wir ihre Fehler vermeiden. Die Sekte der Pharisäer entstand nach den Makkabäerkriegen. Wir müssen also zunächst einmal mit den Makkabäern vertraut sein, bevor wir die Pharisäer verstehen können. Die Makkabäer waren eine Familie gottesfürchtiger Priester, die sich treu an das Gesetz des Mose hielten; sie kämpften unerbittlich und mit Erfolg gegen eine heidnische Beeinflussung und Besetzung Israels. Die Pharisäer waren die priesterlichen Nachfolger der Makkabäer und hielten fast 200 Jahre lang das hohe makkabäische Ideal einer Zurückweisung des Heidentums aufrecht. Ja, sogar ihr Name »Pharisäer« bedeutet eigentlich »die Abgesonderten«.

Bis zu der Zeit kurz vor Christi Geburt, gehörten die typischen Pharisäer zu den edelsten Männern Israels. Sie waren gerecht, kühn und wurden gelegentlich wegen ihres Glaubens sogar zu Märtyrern. Sie waren die offensichtlichen Erben des Reiches Gottes.

Doch wie es bei jeder Sekte der Fall ist, deren religiöse Betonung nicht auf dem Eifer und der Liebe zu Gott liegt, wurden die Pharisäer durch ihr ausgeprägtes Verständnis der Absonderung bald unnahbar und selbstgerecht gegenüber ihren Mitbürgern. Auch wenn sie mit dem Rest der jüdischen Gesellschaft einen oberflächlichen Kontakt unterhielten, distanzierten sie sich doch von ihren Brüdern durch ihre Gewohnheiten und ihre Kleidung; sie hielten sich für zu heilig, um sich mit den Banalitäten des Alltags herumzuschlagen.

Die Pharisäer erfüllten manche Teile des Gesetzes bis auf's »i-Tüpfelchen«: sie hielten die Sabbatruhe ein, zahlten den Zehnten sogar von ihren Gartenkräutern und banden sich Gebetsriemen (kleine Kapseln, die Bibelverse enthielten) um die Stirn und um das Handgelenk, wie es das strengste mosaische Gebot vorschrieb (5.Mo 6,8). Sie glaubten an die Auferstehung, an Engel und an Geister (Apg 23,8), und mieden die Gemeinschaft mit offensichtlich schlechten oder unmoralischen Menschen. Doch die Pharisäer mißachteten die wichtigeren Aspekte des Gesetzes: Gerechtigkeit, Barmherzigkeit und Glauben (Mt 23,23). Zur Zeit der Geburt Christi waren die Pharisäer stolz auf ihr Image und auf die Ehrerbietung, die ihnen als Geistlichen dargebracht wurde.

Um darzustellen, wie selbstgenügsam die Pharisäer geworden waren, möchten wir uns die Zeit um den Geburtstag Christi ansehen: Ihre Gleichgültigkeit gegenüber diesem höchst bedeutsamen Ereignis zeigt, wie weit sie sich schon von Gott entfernt hatten und wie geschäftig sie sich um ihre Religion drehten.

Wo waren die Pharisäer, als Christus geboren wurde?

Ein strahlender Stern zeigte sich am östlichen Himmel und kam Jerusalem Tag für Tag näher. Als sein Lichtschein über der Stadt stehenblieb, zog eine große Karawane, die dem Stern aus Chaldäa gefolgt war, in die Stadt. Die Weisen (wörtl.:»Magier«) aus dem Morgenland, die hervorragendsten Astrologen Chaldäas, waren in die Stadt gekommen. Die Schrift sagt uns: »König Herodes…wurde bestürzt und ganz Jerusalem mit ihm« (Mt 2,3) und das galt ganz besonders für deren Ankündigung: »Wo ist der König der Juden, der geboren worden ist? Denn wir haben seinen Stern im Morgenland gesehen und sind gekommen, ihm zu huldigen« (Mt 2,2).

Die Schrift erzählt weiter, daß Herodes ausdrücklich alle Hohenpriester und Schriftgelehrten nach dem Geburtsort des Messias befragte; und eben diese Pharisäer sagten: »Bethlehem«. Christus, die Hoffnung Israels, der, über den schon Mose schrieb, wurde geboren – die Himmel selbst bestätigten das Ereignis durch diesen »Stern«, doch die Pharisäer konnten sich nicht dazu bewegen, selbst nachzusehen, obwohl Bethlehem nur zehn Kilometer weit weg war!

Die Weisen aus dem Morgenland, die eigentlich Heiden waren, waren unter großen Mühen und Gefahren mehr als tausend Kilometer weit durch Wüstengegenden gereist, um anbeten zu können (Mt 2,2)! Die Pharisäer hingegen, die die Schriften kannten und die Erben des mosaischen Gesetzes waren, zeigten kein Interesse und sandten keine Abordnung, obwohl sie den Geburtsort Jesu zu Fuß in weniger als zwei Stunden hätten erreichen können.

Wie starr verharrten die Pharisäer doch in ihrer Selbstgerechtigkeit! Wie furchtlos widerstanden sie dem Geist Gottes! Wie leidenschaftlich hielten sie an ihren Traditionen fest; wie peinlich genau sorgten sie sich um ihr Image! Sogar als sie den, den sie hätten anbeten sollen, der Kreuzigung übergaben, waren sie so »heilig«, daß sie das römische Prätorium nicht betraten »...damit sie sich nicht verunreinigten...« (Joh 18,28).

So sah ihre Religiosität aus: sie hielten sich mehr an ihre Doktrinen als an Gott. Sie liebten das laute Lob der Menschen mehr als die Gunst Gottes. Sie dachten, die Schriften zu kennen wäre genauso gut, wie sie zu leben. Kurz gesagt, sie verhielten sich so, wie viele Christen heutzutage: sie sorgen sich mehr um die Religion als um die echte Nachfolge Christi.

Und deshalb sollten wir uns selbst prüfen, bevor wir ein zu hartes Urteil über die Pharisäer fällen: wie stehen wir da, wenn wir uns mit ihnen in punkto Gerechtigkeit, Barmherzigkeit und Glauben vergleichen? Wie leidenschaftlich kümmern wir uns um die Notleidenden und geben uns selbst hin, um zu sehen, wie Sünder umkehren? Ja, wenn Jesus in einer Kirche am anderen Ende der Stadt geboren werden würde, wie unnahbar sind wir dann für ihn in seiner Not? Jesus warnte uns davor, daß wir erst dann in das Reich der Himmel eingehen können, wenn unsere Gerechtigkeit vorzüglicher ist als die der Schriftgelehrten (Mt 5,20).

Das Wesen des Heiligen Geistes

Jesus möchte nicht, daß wir so religiös werden, daß wir an Gott vorbeileben. Christus konnte durch den Heiligen Geist und nicht aus einem religiösen Geist heraus ein reines und vollmächtiges Leben führen. Und der Vater krönte die Frucht des Heiligen Geistes mit Vollmacht. Die Liebe heilte die Zerbrochenen, der Friede trieb tyrannische Geister aus, die Freude befreite die Gefangenen von der Sünde.

Jesus sagte: »...denn an der Frucht wird der Baum erkannt« (Mt.12,33). Sprach Jesus hier über Botanik? Natürlich nicht, er wollte vielmehr das Wesen einer Sache deutlich machen. Wenn Sie wissen wollen, ob Sie sich auf eine gesunde Lehre verlassen, dann untersuchen Sie deren Früchte in Ihrem Leben. Der Heilige Geist sollte im Leben eines Gläubigen ein heiliges Leben schaffen.

Doch wie sieht so ein heiliges Leben aus? Die Schrift sagt uns: »Die Frucht des Geistes aber ist: Liebe, Freude, Friede, Langmut, Freundlichkeit, Güte, Treue, Sanftmut, Enthaltsamkeit« (Gal 5,22-23). Wie wir einen Baum an seinen Früchten erkennen, erkennen wir auch das Wesen des Heiligen Geistes an seinen Früchten. Wenn Sie glauben, daß Sie mit dem Heiligen Geist wandeln, die Gabe der Geisterunterscheidung oder andere Gaben haben, doch in Ihrem Leben fehlen Liebe, die Freude und der Friede des Heiligen Geistes, dann führen Sie Ihr Leben vielleicht in einem falschen religiösen Geist. Wenn es Ihnen möglich ist, an sich selbst festzustellen, wie »heilig« sie werden, dann werden Sie wohl nicht wirklich heilig, sondern vielmehr religiös. Die Heiligkeit nimmt von sich selbst keine Kenntnis. Heiligkeit ist wie ein Baum voll reifer geistlicher Früchte, ein Baum, der in der Gegenwart Gottes verwurzelt ist.

Ja, während die Religion immer wieder zu Spaltungen und Zwietracht führt, schafft die Heiligkeit – das heißt, das eigentliche Wesen Gottes – stattdessen geistliche Früchte, Heilung und Einheit. Wie sehr brauchen wir echte Heiligkeit! Denn heute gibt es allenthalben Spaltungen zwischen Kirchen und Gläubigen. Wenn der Heilige Geist uneingeschränkt herrschen könnte, gäbe es Buße, Heilung, Wiederherstellung und Liebe. Es gäbe echte Wunder mit bleibender Wirkung.

Die Trennungslinien innerhalb der heutigen Christenheit sind ein Übel. Diese Spaltung ist eine Sünde, über die vor Jesu Wiederkunft noch Buße getan werden muß. Sie ist religiöser Natur. An jedem Ort sollte es nur eine Gemeinde geben, eine Gemeinde, deren verschiedene Schattierungen im Geist und in der Liebe vereint sind, obwohl sie sich in verschiedenen Häusern treffen. Natürlich wird es auch noch eine andere Gruppierung geben, eine falsche Gemeinde, in der sich Menschen aus verschiedenen, voneinander abgeschotteten Lagern zusammengefunden haben, die alle behaupten, die alleinige Wahrheit zu besitzen. Menschen, die sich die »Abgesonderten« nennen und dabei nicht erkennen, daß dies der Name der Pharisäer ist.

Denken Sie daran: die Religion ist ihr eigener Gott. Jesus sagte nie, wir sollen die »Konfession der Welt« oder die »Sekte, die oben auf einem Berg liegt« werden. Nein, er sagte, wir sollen das »Licht der Welt, eine Stadt, die oben auf einem Berg liegt…« (Mt 5,14) sein. Wenn Sie heilig sind, werden Sie sich mehr für die Menschen, als für die Religion interessieren; Sie werden ein Spiegel des Erbarmens Ihres Königs sein.

Kapitel 16

Die Kraft wahrer Heiligkeit schafft Veränderung

Ein Vers, dem man im Neuen Testament sehr oft begegnet, lautet: »...und es folgten Jesus große Volksmengen...«. Allein das Matthäusevangelium nennt mehr als zwanzig Mal die Tatsache, daß große Menschenmassen weit gereist sind, um bei Christus zu sein. Die Menschen sahen in Jesus Sanftmut, unbegrenzte Kraft und vollkommene Liebe. Wenn wir Seelen gewinnen wollen, müssen die Menschen in uns genau diesen Jesus sehen.

Als die Menschen Jesus sahen

»Als Jesus aber seine Jünger herzugerufen hatte, sprach er: Ich bin innerlich bewegt über die Volksmenge, denn schon drei Tage harren sie bei mir aus und haben nichts zu essen...« (Mt 15,32).

Zweimal lesen wir in der Bibel, wie Jesus einer Menschenmenge zu essen gab. Das erste Mal fand diese Speisung in einer Einöde in der Wüste Judäas statt und dauerte einen ganzen Tag. Vor der zweiten Speisung waren die Menschen schon drei Tage ohne Essen bei Jesus auf einem Berg in der Nähe des Sees von Galiläa gewesen.

Jesus erregte ein noch nie dagewesenes Aufsehen in den umliegenden jüdischen Gemeinden! Die gesamte Wirtschaft brach zusammen. Niemand feilschte mehr mit den Gemüsehändlern auf dem Marktplatz, die Ziegen wurden nicht mehr gemolken, niemand kümmerte sich noch um seinen Garten und die Babysitter hatten keine Ahnung, wann die

Eltern wieder zurückkommen würden! Drei Tage lang lief nichts in geregelten Bahnen.

Die Menschen dieser Orte ließen alles stehen und liegen, als sie erfuhren, daß Jesus in der Nähe sei. Ohne großartig darüber nachzudenken, ohne das Notwendigste auf den Esel zu packen, ohne Proviant und ohne den Zurückbleibenden zu sagen, wann sie zurückkehren würden, folgten viertausend Männer und tausende von Frauen und Kindern Jesus ganz spontan in eine »Einöde«. Vielleicht zehntausend oder noch mehr Menschen verließen ihre Dörfer, doch wir lesen von keinem, der sich beklagt hätte, daß der »Gottesdienst zu lang« oder daß es »viel zu heiß« oder daß die »Predigt langweilig« gewesen wäre. Die Herrlichkeit der Gegenwart Christi machte den fehlenden Komfort und all die Unannehmlichkeiten vergessen!

Wie wunderbar muß es bei Jesus gewesen sein! Nach drei Tagen waren die Menschen so überwältigt, daß »sie kommen und ihn ergreifen wollten, um ihn zum König zu machen...« (Joh 6,15).

So war Jesus. Doch viele von uns haben hier ein Problem: Menschen, die ihn nicht wirklich kennen, versuchen, ihn vor anderen zu repräsentieren. Doch anstatt von seinen wunderbaren Taten Zeugnis abzulegen, legen sie nur Zeugnis von ihrer Religion ab. Die verlorenen Sünder sehen in diesen Menschen Jesus nicht. Sie erfahren etwas über die Gemeinde, man sagt ihnen, daß es falsch sei, zu sündigen, daß Lüste schlecht seien und Trunkenheit eine Schande allerersten Ranges sei, doch sie sehen nicht die Liebe Jesu. Ja, die genannten Dinge sind falsch, doch die Menschen müssen der Liebe Jesu begegnen, bevor sie ihre Liebe zur Sünde aufgeben.

Ich sage es Ihnen ganz deutlich: Jesus möchte nicht, daß jeder Zeugnis gibt. Christus sagte vielen: »Siehe, sage es niemand...« (Mt 8,4; 9,30; 12,16). Anderen verbot er es förmlich zu sprechen, auch wenn sie die Wahrheit verkündigten (Mk 3,11-12). Wieder andere, die er gewarnt hatte, vollbrachten große Taten, doch er hatte sie weder gesandt, noch zu ihnen gesprochen, noch hat er sie jemals gekannt (Mt 7,22-23). Und von einigen sagte er, ihr Eifer Menschen zu bekehren, läßt sie »das Meer und das trockene Land« durchziehen, doch ihre »Jünger« werden »...zu einem Sohn der Hölle, doppelt so schlimm wie (sie selbst)« (Mt 23,15). Wir möchten hier freilich niemanden davon abhalten, Zeugnis zu geben, sondern lediglich deutlich machen, daß unsere Haltung und unsere Taten das Zeugnis sein werden, das von allen Menschen »erkannt und gelesen« (2.Kor 3,2) wird. Ein »Zeugnis« ist nicht nur ein »gesprochenes« Wort; es ist in erster Linie das, was man sehen kann. Wenn wir Menschen zu Christus, der im Himmel regiert, ziehen wollen, müssen sie Christus in uns sehen. Doch wenn wir offensichtlich sündigen und selbstgerecht sind, wird unser Zeugnis nicht effektiv sein.

Lassen Sie auf diese Art Ihr Licht leuchten

Das Licht ist in der Bibel das Symbol für die strahlende Reinheit des Heiligen Gottes. Wenn unsere Herzen und die daraus entspringenden Taten rein sind, leuchtet das Licht der Gegenwart Gottes durch uns in diese Welt. Vor diesem Hintergrund fordert uns Jesus auf, vor den Menschen unser Licht so leuchten zu lassen, daß sie unsere guten Werke sehen und den Vater verherrlichen (Mt 5,16).

Wenn gute Werke den Vater verherrlichen, dann machen ihm böse Werke Schande. Paulus sagt, »...der Name Gottes wird...« wegen den Sünden derer, die ihn nicht repräsentieren, »...unter den Nationen gelästert« (Röm 2,24).

König David war für seine Generation ein großartiger Zeuge des Lebendigen Gottes, doch als er sündigte, wurde sein Zeugnis eine Schande. In Psalm 51 offenbart Davids Gebet die rechte Gesinnung, die eine notwendige Voraussetzung für ein echtes gottgefälliges Zeugnis ist: »Erschaffe mir, Gott, ein reines Herz, und erneuere in mir einen festen Geist! …(dann) will ich die Abgefallenen deine Wege (lehren), daß die Sünder zu dir umkehren« (Ps 51,12.15).

Sehen Sie, unser Zeugnis ist nicht glaubwürdig, wenn in unserem Leben die Sünde herrscht. Die Welt hat schon zu viele Christen erlebt, die Zeugnis über ein Leben ablegen, das sie selbst nicht führen. Durch sie glauben nun viele Menschen, daß das Christentum nicht funktioniert.

Wie erkenne ich, wann ich Zeugnis geben soll

»Seid aber jederzeit bereit zur Verantwortung jedem gegenüber, der Rechenschaft von euch über die Hoffnung in euch fordert, aber mit Sanftmut und Ehrerbietung« (1.Petr 3,15).

Viele Christen haben den Auftrag, von Jesus Zeugnis zu geben. Ich möchte noch einmal betonen, daß wir Sie nicht entmutigen wollen, Zeugnis zu geben; wir wollen Sie vielmehr ermutigen, Ihrem Zeugnis entsprechend für ihn zu leben! Bevor Sie Zeugnis geben, sollen die Menschen Jesus in Ihnen sehen. Es gibt Christen, die sich nicht scheuen, an Ihrem Arbeitsplatz offen zu sündigen: sie sind jähzornig, machen eine schlechte Arbeit, sie kommen oft zu spät und sind meistens mit dabei, wenn über die Arbeitsbedingungen oder das Management geschimpft wird. Und dennoch verspüren sie den Drang, Zeugnis zu geben. Sie behaupten, Gott zu kennen, doch mit ihren Werken verleugnen sie ihn (Tit 1,16). Eine »Stimme« in ihnen drängt sie, »für Jesus Zeugnis zu geben«. Manchmal ist dies auch die Stimme des Heiligen Geistes, doch meistens leider nicht. Sie sind absolut davon überzeugt, im Sinne Gottes zu handeln, noch dazu weil sie sich »schuldig« fühlen, wenn sie nicht Zeugnis geben und erst danach wieder ein »gutes« Gefühl haben.

Es gibt ein sicheres Kriterium, das Ihnen hilft, zu prüfen, ob diese besagte »Stimme« von Gott ist: Die hörbare Stimme eines Menschen, der Ihre guten Werke gesehen hat und an

Ihrem Lebensstil Interesse zeigt, wurde von Gott inspiriert. Wenn die Menschen in Ihnen Christus sehen – wenn Sie geduldig sind, obwohl Sie ungerecht behandelt werden, wenn Sie trotz widriger Umstände Frieden haben, wenn Sie Grausamkeiten vergeben können – werden sie nach Ihrer Hoffnung fragen.

Ihre Frucht trägt den Samen eines neuen Lebens in sich

Wenn Ihr Wandel wahrhaftig ist, haben Sie eine Liebe zu Jesus gefunden, die an sich schon ein Zeugnis seines Lebens ist. Leider versuchen wir oft, Menschen unsere Religion und nicht Christus nahe zu bringen. Wie oft möchten wir Familienmitglieder und Freunde zu einer bestimmten Gemeindestruktur bekehren. Doch wir müssen die Menschen zu Jesus und nicht nur zu einer Gemeinde führen.

Wir dürfen nie vergessen, daß Jesus Menschen erreichen und nicht vergraulen will. Wie will nun Gott, daß wir dabei vorgehen? Wir müssen zuerst einmal sichergehen, daß wir selbst wirklich bekehrt sind, daß wir unser Leben wirklich Jesus Christus gegeben haben. Dann müssen wir unser Augenmerk darauf richten, die geistliche Frucht der Liebe und der Demut in unserem Leben hervorzubringen.

Gott pflanzte im Garten Eden Bäume, deren Früchte den Samen in sich tragen. Vergessen Sie niemals, daß in der Frucht die Kraft steckt, neues Leben zu schaffen. Und eine Frucht muß reif und süß sein, damit man sie essen kann. Unsere Früchte stammen vom Baum des Lebens, der »zur Heilung der Nationen« da ist (Offb 22,2). Sie stammen nicht vom Baum der Erkenntnis von Gut und Böse – von Gesetzen, die dem Buchstaben nach ausgelegt werden und beurteilen, wo die Menchen falsch liegen.

Wenn Sie möchten, daß Ihre Erfahrung der Realität Gottes in Ihrer Familie und in Ihren Freunden Frucht bringt, dann wandeln Sie in der Frucht des Geistes! Der Same, der in der Frucht steckt, kann neues Leben schaffen.

Wenn Sie sich gegen diese Menschen, die Ihnen nahe stehen, versündigen, was bei uns allen immer wieder mal vorkommt, dann tun Sie sowohl vor Gott als auch vor denen Buße, gegen die Sie gesündigt haben. Wenn Sie vor einem Ungläubigen aufrichtig Buße tun können, ist das ein sicheres Zeichen dafür, daß Gott in Ihrem Leben real ist und das Steuer in der Hand hält!

Noch ein Wort an die Eltern: möchten Sie, daß Ihre Kinder zu gottesfürchtigen Männern und Frauen heranwachsen? Möchten Sie, daß Ihre Worte ewiges Leben schaffen? Dann wandeln Sie in der Frucht des Heiligen Geistes. Wenn Ihre Kinder die Frucht in Ihrem Leben genießen, wird der Samen dieser Frucht in Ihrer Familie dieselben Eigenschaften hervorbringen. Möchten Sie gerne, daß sich Ihr Ehepartner bekehrt? Oder Ihre Eltern? Ihre Freunde? Dann wandeln Sie in der Frucht des Geistes, in Liebe, Freude, Friede, Langmut und Freundlichkeit. Wer Sie kennt, wird Ihr Leben sehr attraktiv finden, weil er in Ihrem Leben das heilige Leben Jesu sieht.

Kapitel 17

Der heilige Weg

Warum meinen wir eigentlich, die Heiligkeit sei so eine trübe Angelegenheit? Die Bilder einer strengen und freudlosen Regelbefolgung, die man bei den Worten »heiliges Leben« vor sich sieht, haben überhaupt nichts mit dem Wort und dem Wesen Christi zu tun. Gott ist Liebe. Ein heiliges Leben sprudelt über vor Liebe, wird durch Liebe angetrieben und von ihr getragen.

Die Kraft und die Freude der Liebe

Die meisten von uns scheuen sich, ihr Herz so offenzulegen und sich so verwundbar zu machen, wie die Liebe es fordert. Wir Christen reden viel öfter über die Liebe, als wir sie leben. Doch echte Liebe ist kühn und aufregend. Mutig überwindet sie das Böse; danach heilt und vereint sie das, was sie liebt, mit Gott. Sie ist aggressiv.

Die Entwicklungsstufe der Liebe, vor der uns graut, ist diese Übergangsphase, in der wir die Vergebung lernen. Dieser Aspekt der Liebe tut weh, und dieser Schmerz wird nur noch stärker, wenn wir uns weigern, zu vergeben. Genau wie Jesus müssen auch wir die Vergebung zu einem Lebensstil machen; nur dann können wir in die Freude und Kraft einer aggressiven Liebe eintreten.

Gottes Liebe reicht nicht nur für die Vergebung aus, sondern für das ganze Leben. Wenn wir die Bitterkeit überwinden und aus den Tiefen unserer mangelnden Vergebungsbereitschaft heraussteigen, werden wir mit einem Mal so mutig wie ein Löwe. Die Liebe wird für uns viel mehr als nur ein Gebot, sie wird zum Abenteuer!

Das gleiche gilt auch für die Freude. Die Freude, die uns der Heilige Geist schenkt, wird tatsächlich unsere Stärke! Eine gefangene und verarmte Welt hat uns den falschen Gedanken eingetrichtert, daß ein Leben mit Gott nur Schmerz bedeutet. Jesus verglich seinen Dienst mit einem Flötenspieler (Mt 11,7). Er sagte, daß seine Botschaft von der Gnade und vom Reich Gottes die Menschen dazu bringen soll, vor Freude zu »tanzen«, wenn sie sie recht verstehen!

Es stimmt, daß Jesus leiden mußte, als er unsere Sünden trug und daß er manchmal sehr ernüchternde Worte fand. Doch wie oft zeigte er seine große Freude! Die Schrift sagt, daß Jesus im Geist »frohlockte«, als seine Jünger von einer vollmächtigen Evangelisation zurückkamen (Lk 10,21). Was verstehen Sie unter »frohlocken«? Dieses Wort »frohlocken« bedeutet eigentlich »vor Freude hüpfen«. Jesus, der König, hüpfte vor Freude!

Jesaja zeigt uns den Weg zur Heiligkeit. Nirgendwo in den folgenden Versen spüren wir eine niedergedrückte Stimmung, die die Mächte der Hölle einem gottesfürchtigen Menschen weismachen wollen.

> »Und dort wird eine Straße sein und ein Weg, und er wird der heilige Weg genannt werden. Kein Unreiner wird darüber hinziehen, sondern er wird für sie sein. Wer auf dem Weg geht – selbst Einfältige werden nicht irregehen. Kein Löwe wird dort sein, und kein reißendes Tier wird auf ihn hinaufgehen noch dort gefunden werden, sondern die Erlösten werden darauf gehen. Und die Befreiten des Herrn werden zurückkehren und nach Zion kommen mit Jubel, und ewige Freude wird über ihrem Haupt sein. Sie werden Wonne und Freude erlangen, und Kummer und Seufzen werden entfliehen« (Jes 35,8-10).

Sehen Sie sich nur den heiligen Weg an! Kummer und Seufzen werden entfliehen! Der heilige Weg führt zu Gott und nicht zur Religion. Wenn wir auf diesem Weg gehen, wird es das Gericht, die negativen Konsequenzen und die Probleme, mit denen sich die Sünder herumschlagen, sowie das unreine Leben – all die Dinge, die den Tod in unsere Welt gebracht haben und die heute noch immer die Menschheit drangsalieren – für uns nicht mehr geben! »Kein Unreiner... kein Löwe...kein reißendes Tier...wird auf ihm hinaufgehen«. Ein Großteil des geistlichen Kampfes, der von unserer Unkenntnis, von unserem Unglauben und von unserem sündigen Lebensstil herrührte, wird für die Heiligen einfach nicht mehr existieren!

Was liegt für die bereit, die auf die Heiligkeit zugehen? Die wunderbare Erfahrung, daß wir »Erlöste« und »Befreite« sind. Wie sieht unsere Herzenshaltung aus? Drei Ausdrucksformen der Freude warten auf die Heiligen Gottes: »Jubel«, »ewige Freude...über ihrem Haupt« und »Wonne und Freude«.

Satan möchte uns glauben machen, der Himmel sei so trist wie die Hölle. Doch wenn wir die Heiligkeit ergreifen und in ihr wandeln, wenn wir danach trachten, unser Herz und unseren Sinn für Gott zu heiligen und uns von den Lüsten dieser Welt absondern, dann krönt uns der Herr mit ewiger Freude! Nicht Trauer – Freude! Nicht »Machmal-ein-wenig-Freude«, sondern ewige Freude; nicht »Immer-nur-am-Sonntag-Freude«, sondern jede Minute ewige FREUDE!

Hier geht es nicht um ein frommes und religiöses Gefühl, sondern um überfließendes Leben. SIE HABEN EWIGE FREUDE ÜBER IHR ERBTEIL! (vgl. Jes 61,7). Dies ist das Endresultat der Heiligkeit. Es bedeutet, Gott nahe zu sein und eine Freude zu haben, die so herrlich ist, daß man nur noch jubeln kann!

Teil 6

Der Glanz der Heiligkeit

In den Psalmen lesen wir, daß Gott »in Licht sich hüllt wie in ein Gewand« (Ps 104,2). Der Apostel Johannes sagt, Gott ist Licht (vgl. 1.Joh 1,5). Jakobus nennt Gott den »Vater der Lichter« (Jak 1,17). Sie und ich, wir sind Lichter, deren Vater Gott ist. Wir sind Kinder Gottes und deshalb strahlt das Licht seiner Gegenwart in uns. Je mehr unsere Herzen durch die Wahrheit gereinigt werden, desto herrlicher wird der Glanz der Herrlichkeit Gottes um uns herum; und wie unser Vater hüllen auch wir uns in Licht »wie in ein Gewand«.

Kapitel 18

Wo ist sein Ort der Ruhe?

Im Reich Gottes gibt es keine großen Männer, nur demütige Männer, die Gott gebrauchen will, um große Dinge zu tun. Woran erkennen wir, daß wir demütig sind? Wenn Gott spricht, erzittern wir. Gott sucht nach Menschen, die beim Hören seines Wortes erzittern. Auf so einem Menschen wird der Geist Gottes ruhen; er wird zu einer Wohnung des Allmächtigen werden.

In die Sabbatruhe Gottes eintreten

»Der Himmel ist mein Thron und die Erde der Schemel meiner Füße. Wo wäre denn das Haus, das ihr mir bauen könntet, und wo denn der Ort meines Ruhesitzes?« (Jes 66,1).

Gott möchte nichts außer uns selbst. Unsere wunderschönen Gemeindehäuser, unsere professionelle Organisation – all das ist eigentlich nutzlos für Gott. Er will nicht das, was wir haben; Er will uns. Er möchte sich in unseren Herzen ein Heiligtum erbauen, einen Ort, an dem er ruhen kann.

In der Schrift wird diese Ruhe als »Sabbatruhe« bezeichnet. Sie hat jedoch nichts damit zu tun, den Sabbat heilig zu halten, denn die Juden hielten den Sabbat heilig, traten jedoch nie in die Ruhe Gottes ein. Der Hebräerbrief ist hier sehr deutlich: Josua hat die Israeliten nicht in die Ruhe gebracht (Hebr 4,7-8). Und nachdem der Sabbat so lange heilig gehalten wurde, bemerkt die Schrift: »Also bleibt noch eine Sabbatruhe dem Volk Gottes übrig« (Hebr 4,9). Diese Ruhe bedeutete jedoch viel mehr als die Heiligung des siebten Tages.

Wir müssen uns also fragen: Wie sieht nun diese Sabbatruhe aus? Um die Antwort zu finden, werfen wir einen Blick in das erste Buch Mose. »Und Gott segnete den siebten Tag und heiligte ihn; denn an ihm ruhte er von all seinem Werk…« (1.Mo 2,3). Bevor Gott am Sabbat ruhte, war dieser siebte Tag eigentlich nichts besonderes oder heiliges. Hätte der Herr am dritten Tag geruht, wäre dieser Tag heilig gewesen. Die Ruhe finden wir nicht im Sabbat, sondern in Gott. Ruhe ist eine fortwährende Eigenschaft seiner Vollkommenheit.

In Offenbarung 4,6 lesen wir von einem, »gläserne(n) Meer, gleich Kristall« vor dem Thron Gottes. In einem gläsernen Meer gibt es weder Wellen noch Wogen; es ist ein Symbol für die unerschütterliche Ruhe Gottes. Wir müssen hier klar unterscheiden: Der Sabbat war nicht die Quelle der Ruhe für Gott, sondern vielmehr war Gott die Quelle der Ruhe für den Sabbat. Denn es steht geschrieben: »…der Herr, der Schöpfer der Enden der Erde. Er ermüdet nicht und ermattet nicht…« (Jes 40,28). Und so wie der Sabbat heilig wurde, weil Gott an diesem Tag ruhte, werden auch wir heilig, wenn wir uns von der Sünde trennen und die Fülle Gottes auf uns kommen und ruhen kann.

In unserer Betrachtung denken wir bei der »Ruhe Gottes« nicht nur an Verjüngung und Wiederherstellung, die wir ganz offensichtlich brauchen und die uns auch gleich in den Sinn kommt, wenn wir als Menschen an Ruhe denken. Die Ruhe, die wir suchen, besteht nicht darin, daß unsere Energie erneuert, sondern ausgetauscht wird; unser Leben wird gegen das Leben Gottes eingetauscht, wodurch wir wie ein Gefäß mit der Gegenwart Gottes und dem überfließenden Reichtum Christi gefüllt werden.

Von Gott umgeben und durchdrungen

Das hebräische Wort für Ruhe hieß »nuach«; es bedeutete unter anderem »ruhen«, »bleiben«, »stille sein«. Es bedeutete auch »vollkommen eingehüllt und durchdrungen sein«, so wie der Geist des Elia auf Elisa »ruhte« oder wie die Weisheit in einem verständigen Herzen »ruht«. Gott ist nicht auf der Suche nach einem Ruheraum, in dem er sich von der Mühe und Plage mit den Menschen erholen kann. Er möchte eine Beziehung, in der er jede Dimension unseres Lebens »vollkommen einhüllen und durchdringen« kann, in der wir zu seiner Stiftshütte werden und er auf uns bleiben und stille sein kann.

Wenn Gott auf uns ruht, haben wir mit Jesus dieselbe Einheit, die er mit dem Vater hatte (Joh 10,14-15). Christi Gedanken waren in die Gegenwart Gottes »völlig eingehüllt« und von ihr »durchdrungen«. Er tat nur das, was er den Vater tun hörte und sah. Er erklärte: »...der Vater aber, der in mir bleibt, tut seine Werke« (Joh 14,10). Ruhe ist nur möglich, weil Christus durch uns wirkt! Er verheißt uns: »Wenn ihr etwas bitten werdet in meinem Namen, so werde ich es tun« (Joh 14.14). Wie eingebildet sind wir doch, wenn wir glauben, wir könnten Wunder wirken, unsere Feinde lieben oder irgendein Werk Gottes tun, ohne daß Christus seine Werke durch uns tut!

Genau deshalb sagte Jesus auch: »Kommt her zu mir... und ich werde euch Ruhe geben« (Mt 11,28). Als das Boot auf dem See Galiläa von den Wellen hin und hergeworfen wurde, kamen die Jünger voller Angst zu Jesus. Sie schrien wie Menschen, die dem Tod ins Auge sehen. Jesus bedrohte den Sturm und urplötzlich entstand eine »große Stille« (Mt 8,26); das Wasser wurde so ruhig wie Jesus selbst. Welches Programm, welcher noch so professionelle Dienst kann sich mit dem Leben und mit der Kraft messen, die wir durch Jesus empfangen?

Sehen Sie, so sehr wir uns auch anstrengen und uns engagieren – die Ruhe und das Leben Gottes können wir doch nicht produzieren. Wir müssen zu ihm kommen. Viele Leiter haben sich in ihrem Verlangen, Gott zu dienen, fast bis zur völligen Erschöpfung abgemüht. Wenn sie nur die Hälfte ihrer Zeit mit ihm verbracht, vor ihm gebetet und auf ihn gewartet hätten, dann hätten auch sie erkannt, daß seine übernatürliche Kraft eindrucksvoll in ihren Bemühungen wirkt. Sie wären zu Passagieren auf einem Schiff geworden, dessen Kapitän und Navigator Jesus ist, und wären in seinem Willen förmlich »mitgefahren«.

Sich nicht mehr abstrampeln, sondern erkennen und dann gehorchen

Um in Gottes Ruhe eintreten zu können, müssen wir uns ganz seinem Willen hingeben und ganz seiner Kraft vertrauen. Wir lernen es, von unseren Werken zu ruhen, »wie Gott von seinen eigenen« (Hebr 4.10). Wir müssen jedoch eifrig sein, wenn wir in die Ruhe Gottes eingehen wollen (Hebr 4,11). »Von unseren Werken zur Ruhe gelangen« bedeutet nicht, die Arbeit einzustellen; es bedeutet vielmehr, die beschwerlichen Verrichtungen des Fleisches und der Sünde einzustellen. Es ist ein Zeichen dafür, daß wir in seine ewigen Werke eingetreten sind, die er durch uns vollbringt.

Wo der Unglaube noch Verwirrung stiftete, finden wir nun Ruhe durch den Glauben. Die Zwietracht, die aus einer mangelnden Vergebungsbereitschaft kam, weicht der Liebe. Er nimmt unsere Angstgedanken durch Vertrauen gefangen; in seiner Weisheit beantwortet er unsere vielen Fragen. All das ist ein Zeichen der Ruhe in Gott.

Die Kirche muß die Wege Gottes erkennen, denn dadurch treten wir in die Ruhe ein (Hebr 3,8-12). Wir gewinnen diese Erkenntnis, wenn wir in Konfliktsituationen dem Wort Gottes gehorchen. Wenn wir Gott in den Prüfungen des Lebens gehorchen, lernen wir es, gerade so wie Gott selbst mit Situationen umzugehen. Folglich ist es von unschätzbarem Wert, Gottes Worte an uns zu hören, um so mehr, wenn wir durch eine Wüste der Prüfungen und Schwierigkeiten gehen.

Deshalb spricht der Geist: »Heute, wenn ihr seine Stimme hört, verhärtet eure Herzen nicht, wie in der Erbitterung an dem Tage der Versuchung in der Wüste...Deshalb zürnte ich diesem Geschlecht und sprach: Allezeit gehen sie irre mit dem Herzen. Sie aber haben meine Wege nicht erkannt. So schwur ich in meinem Zorn: Sie sollen nimmermehr in meine Ruhe eingehen« (Hebr 3,7.10-11).

Er sagt: »sie (gehen) irre mit dem Herzen...Sie aber haben meine Wege nicht erkannt...sie sollen nimmermehr in meine Ruhe eingehen«. Wir müssen eins verstehen: Wenn wir Gottes Wege erkennen, werden wir in seine Ruhe eingehen.

In einem verhärteten Herzen, finden wir keine Ruhe. Wenn wir gegen Gott rebellieren, können wir nicht in die Ruhe eingehen. Wir finden Ruhe, wenn wir uns ehrlich unserem Mangel stellen und Christus die Möglichkeit geben, uns zu verändern.

Deshalb sagte Jesus: »...lernt von mir...und 'ihr werdet Ruhe finden für eure Seelen'« (Mt 11,29). Hören Sie auf, gegen Gott zu kämpfen und lernen Sie von ihm! Erlauben Sie seinem Wort, die Qualen Ihres sündhaften Wesens zu beenden. Hören Sie auf, sich abzustrampeln, hören Sie auf, mit dem Gesegneten zu ringen. Vertrauen Sie ihm! Denn letztendlich wird sein Wort die Schutzmechanismen Ihres Herzens niederreißen. Seien Sie entschlossen, zu kapitulieren! Im Laufe der Zeit wird Gott sich nicht mehr verschiedener Widrigkeiten bedienen, um Ihr Herz zu erreichen, da es für Sie eine Freude sein wird, für ihn verletzbar zu sein. Geben Sie sich ihm hin, seien Sie eifrig, bis selbst sein Flüstern Ihre Seele erbeben läßt. Ein Mann, der dem Geist Gottes vollkommen hingegeben ist, ist viel wertvoller als die Männer vieler Nationen zusammengenommen. Dieser eine Mann ist die

Stiftshütte Gottes; Gott sieht auf ihn und findet Wohlgefallen an ihm.

Er sagt: »Der Himmel ist mein Thron und die Erde der Schemel meiner Füße. Wo wäre denn das Haus, das ihr mir bauen könntet, und wo denn der Ort meines Ruhesitzes? Hat doch meine Hand dies alles gemacht, und alles dies ist geworden…« So unglaublich es auch klingen mag, aber ein Mann, der ein bestimmtes Wesensmerkmal hat, erregt die Aufmerksamkeit Gottes, so daß er ihm verspricht: »Aber auf den will ich blicken: auf den Elenden und den, der zerschlagenen Geistes ist und der da zittert vor meinem Wort« (Jes 66,1-2).

Gott blickt auf den Menschen, der vor seinem Wort zittert. Denn in ihm kann die heilige Kraft des Allerhöchsten in Frieden und ohne Mühsal wohnen. Er hat die Wege Gottes verstanden; er hat seine Lust am Gehorsam. Er gibt Gott, was er haben will: sich selbst, und kein bißchen weniger. Dadurch wird dieser Mensch ein heiliger Ort, an dem Gott selbst ruhen kann.

Kapitel 19

Das strahlende Licht der Heiligkeit

Wahre Heiligkeit im Leben eines Christen erkennt man an dem Glanz, der ihn umgibt. Auch Säuglinge und kleine Kinder, deren Geist noch rein ist und die der eigentlichen Gegenwart Gottes sehr nahe sind, strahlen diesen Glanz aus. Ihr Licht ist sichtbar, weil ihre Herzen durchsichtig und wahrhaftig sind. Auch unser Weg zum wahren Glanz des Reiches Gottes, zum hellen Schein der Heiligkeit führt über die Transparenz und Wahrhaftigkeit unseres Herzens.

»Wenn Dein Auge lauter ist«

Sobald Jesus in unser Leben tritt, werden wir heilig, d.h. für Gott abgesondert. Diese Heiligkeit heiligte auch die Tempelwerkzeuge: sie waren heilig, weil sie im Dienst des Herrn benutzt wurden. Sie waren nicht von sich aus besonders geeignet oder heilig; das Material, aus dem sie gemacht waren, veränderte sich nicht. Im allgemeinen ist das Christentum in diesem Sinne heilig. Doch die Heiligkeit, nach der wir streben, besteht darin, daß wir in dieser Absonderung unsere Erfüllung finden. Wir trachten nach einer Heiligkeit, die durch uns die Gegenwart Gottes widerspiegelt. Wir streben nach seinem Wesen und nach seinem Leben.

Da wahre Heiligkeit in uns tatsächlich das Leben des Heiligen Geistes bewirkt, müssen wir ganz sicher wissen, wer der Heilige Geist eigentlich ist. Der Geist Gottes ist Liebe, nicht Religion. Gott ist Leben, kein Ritual. Der Heilige Geist bewirkt mehr in uns als die »Zungenrede« oder unser Zeugnis für Jesus. Der Heilige Geist führt uns in die Gegenwart

Jesu. In der Einheit und Gemeinschaft mit Jesus Christus finden wir unsere Heiligkeit.

Die Heiligkeit, nach der wir trachten, ist wiederum keine Sammlung von Regeln und Gesetzen; sie ist vielmehr die Lebensqualität Christi. Der Heilige Geist bewirkt in uns nicht nur ein neues Verlangen nach Liebe, sondern schenkt uns die tatsächliche Liebe Chisti. In uns wächst mehr als nur ein ganz allgemeiner Glaube an Jesus; eigentlich beginnen wir wie Jesus selbst, also mit seinem Glauben zu glauben. Gott in uns heiligt uns. Dieses Neue soll uns aufrütteln und uns aus unserem behaglichen Sessel aufschrecken, bis wir uns mit großem Zittern und großer Freude, in tiefer Anbetung und heiliger Furcht der Göttlichen Realität nähern, die uns nach seinem Willen und zu seinem Zweck zu sich gerufen hat.

»Wißt ihr nicht, daß ihr Gottes Tempel seid und der Geist Gottes in euch wohnt?« (1.Kor 3,16).

Der Geist Gottes wohnt in uns. In diesem Licht müssen wir uns erneut die uralte Frage stellen: »Was ist der Mensch?« Wir wissen, wie wir auf andere Menschen wirken, doch wenn Gott wirklich in uns wohnt, wie wirken wir dann auf Engel oder böse Geister? Durch welchen Glanz sind wir in der unsichtbaren Welt bekannt? Welcher Schein umgibt uns? Welche Herrlichkeit verkündet der unsichtbaren Welt: »Seht und gebt acht! Hier kommt ein Sohn Gottes«? Denken Sie darüber nach: der Geist des Schöpfers, der von Anfang an den Menschen nach seinem Abbild machen wollte, wohnt in Ihnen,...jetzt!

Heiligkeit ist »ein Leib VOLL Licht«

Es gibt Grenzen, es gibt Bedingungen. Sie können nicht zwei Herren dienen. Sie können nicht dem Licht und der Finsternis dienen, nicht der Sünde und der Gerechtigkeit, nicht Ihnen selbst und Gott. In Ihnen ist Licht aber auch Finsternis. Unsere Welt ist in Finsternis. Unsere Vorfahren waren Söhne der Finsternis. Unsere fleischliche Gesinnung bleibt immer noch ein finsteres Possenspiel. In dieser Welt, in der wir so viel Auswahl haben, müssen wir uns für das Licht entscheiden. Deshalb betonte Jesus auch die Notwendigkeit, den Blick auf ein Ziel zu richten, wenn wir wahre Söhne des Lichts werden wollen: »Die Leuchte des Leibes ist dein Auge; wenn dein Auge lauter ist, so ist auch dein ganzer Leib licht; wenn es aber böse ist, so ist auch dein Leib finster« (Lk 11,34).

Wenn Ihr Wille und Ihr Herz einzig und allein auf Gott ausgerichtet sind, dann ist auch Ihr Leib licht und wird zu einem eindrucksvollen Ausdruck der Herrlichkeit Gottes in Ihnen. Doch wenn Sie in mehrere Richtungen gleichzeitig gehen, wenn Sie sündige oder böse Gedanken hegen, wird auch Ihr Licht immer matter, bis Ihr Leib schließlich finster ist. Die Warnung Jesu lautet weiterhin: »Sieh nun zu, daß das Licht, welches in dir ist, nicht Finsternis ist« (Lk 11,35).

Wenn Sie sich nicht um Ihr Heil sorgen, Gott nicht suchen oder ihm einfach lieber nicht gehorchen wollen, dann sind Sie in der Finsternis. Trösten Sie sich nicht selbst mit der fadenscheinigen Hoffnung, daß es irgendwann schon mal besser werden wird. Wappnen Sie sich mit Bestimmtheit! Denn wenn das Licht in Ihnen Finsternis ist, wie schrecklich muß diese Finsternis sein! Sohn des Lichts, Du mußt die Finsternis hassen! Denn die Hölle ruht auf den Säulen der Finsternis; sie ist die Welt ohne Gott!

Doch unsere Hoffnung ist das Licht, nicht die Finsternis. Ihre Füße gehen auf dem Weg des Gerechten, der heller und heller erstrahlt bis zur Tageshöhe. »Wenn nun dein ganzer Leib licht ist und keinen finsteren Teil hat, so wird er ganz licht sein, wie wenn die Leuchte mit ihrem Strahl dich beleuchtete« (Lk 11,36). Dieser Vers beschreibt sehr anschaulich, wie eine gereifte Heiligkeit aussieht: unser Leib wird vor Helligkeit strahlen wie das strahlende Licht einer Lampe. Welch eine wunderbare Hoffnung, von der strahlenden

Gegenwart Gottes so sehr durchdrungen zu sein, daß sich kein »finsterer Teil« mehr in uns finden läßt! Für geistlich reife Menschen, für die Heiligen Gottes, liegt ein Kleid aus Licht und Herrlichkeit bereit, ein Kleid, das mit dem vergleichbar ist, das Jesus auf dem Berg der Verklärung trug! Diesen Glanz werden wir nicht erst in der Ewigkeit tragen, sondern schon jetzt, »inmitten eines verdrehten und verkehrten Geschlechts unter dem (wir leuchten) wie Himmelslichter in der Welt« (Phil 2,14-15).

»Denn einst wart ihr Finsternis, jetzt aber seid ihr Licht im Herrn. Wandelt als Kinder des Lichts...« (Eph 5,8). Jetzt sind Sie ein Kind des Lichts. Das ist gewiß kein sprachliches Stilmittel! Die Herrlichkeit Gottes ist in Ihnen und um Sie herum; sie ist eine geistliche Realität! Was ist nun mit der Dunkelheit, die noch in Ihnen ist? Paulus fährt fort: »Und habt nichts gemein mit den unfruchtbaren Werken der Finsternis, sondern stellt sie vielmehr bloß...Alles aber, was bloßgestellt wird, das wird durchs Licht offenbar; denn alles, was offenbar wird, ist Licht« (Eph 5,11.13).

Verstecken Sie die Finsternis in Ihnen nicht, sondern stellen Sie sie bloß. Liebäugeln Sie nicht damit, entschuldigen Sie sie nicht, bekennen Sie sie. Hassen Sie sie. Entsagen Sie ihr. Denn solange die Finsternis in Ihnen ist, werden Sie von ihr beherrscht. Doch wenn Sie die Finsternis ans Licht bringen, wird sie licht. Wenn Sie mit Ihren verborgenen Sünden kühn vor den Thron der Gnade treten und sie bekennen, reinigt er Sie von aller Ungerechtigkeit (1.Joh 1,9). Wenn Sie erneut sündigen, dann tun sie erneut Buße. Immer und immer wieder, bis die Gewohnheit der Sünde in Ihnen gebrochen ist.

Wie ein Goldsucher müssen Sie ihren »Claim« im Reich Gottes abstecken und bereit sein, Ihr Recht auf das »reine Gold« des Himmels zu verteidigen (Offb 3,18). Und wenn Sie Ihr Zelt vor dem Gnadenthron aufschlagen, wird etwas Ewiges in Ihnen zu leuchten beginnen, wie glühende Kohlen am Grund eines Ofens. Und wenn Sie vor dem Allmächtigen verharren, wird das heilige Feuer seiner Gegenwart das Holz, das Heu und das Stroh Ihres früheren Wandels verzehren. Eine Kraft, wie sie Jesus selbst hatte, wird tief in Ihnen wohnen. Engel werden voll Ehrfurcht staunen, da Ihr Gold rein, Ihr Kleid licht und Ihr Leben heilig sein wird.

Kapitel 20

Der Weg ins Allerheiligste

Wenn man die Chronik der Wiederherstellung der Kirche betrachtet, wird man feststellen, daß es für die Heiligen einmal eine Zeit gab, in der es ihnen nicht mehr genügte, Gottesdienste nur mit Liedern zu bestreiten; zu dieser Zeit gingen sie in der Sehnsucht ihrer Herzen weit über das Rufen und Klatschen hinaus und traten in eine Übergangsphase ein, in der sie eine echte Anbetung mehr und mehr direkt in die Gegenwart Gottes brachte.

Wir sind der Tempel Gottes

Diese Botschaft stellt eine kurze Betrachtung des Hebräerbriefes dar. Abgesehen von wenigen Kapiteln, ist die zentrale Aussage dieses Briefes für die meisten Christen in unserem Jahrhundert immer schon ein Rätsel gewesen. Diese Tatsache läßt sich dadurch erklären, daß er ursprünglich »an die Hebräer« gerichtet war, an ein Volk, denen die Stiftshütte und die Bedeutung der Gegenwart Gottes im Allerheiligsten der Stiftshütte vertraut waren. Wir werden einen Vergleich ziehen zwischen dem inneren und äußeren Hof der Stiftshütte der Hebräer und dem »inneren und äußeren Hof« der neutestamentlichen Stiftshütte, dem geisterfüllten Menschen. In beiden gibt es einen geheiligten Ort, an dem die Gegenwart Gottes wohnt. Und in beiden Fällen ist der Weg in die Gegenwart des Heiligen Gottes klar vorgegeben.

Paulus sagt uns: »Prüft euch, ob ihr im Glauben seid, untersucht euch! Oder erkennt ihr euch selbst nicht, daß Jesus Christus in euch ist?« (2.Kor 13,5) Die Herausforderung lautet: »Wißt ihr nicht, daß ihr Gottes Tempel seid und der Geist Gottes in euch wohnt?« (1.Kor 3,16). Und als Jesus von sich und dem Vater sprach, verhieß er: »Wenn jemand mich liebt, so wird er mein Wort halten, und mein Vater wird ihn lieben, und wir werden zu ihm kommen und Wohnung bei ihm machen« (Joh 14,23).

Diese Aussagen sind so kühn, daß sich die meisten Bibellehrer scheuen, sie anzusprechen, weil sie Angst davor haben, als Irrlehrer abgestempelt zu werden. Doch auch wenn innerhalb der Kirche Kompromisse geschlossen werden, kann diese unglaubliche Realität des Wortes Gottes nicht geschmälert werden. Die heilige Bedeutung des Wortes Gottes steht weit über den Traditionen und dem Unglauben der Menschen. Es gibt eine »…Berufung Gottes nach oben in Christus Jesus« (Phil 3,14). Wir werden kein Wort Gottes flüchtig übergehen oder ignorieren. Vielmehr werden wir ermutigt, uns Zeit für dieses Wort zu nehmen und es zu studieren. Denn wenn Sie richtig damit umgehen, wird sich vor Ihnen eine Tür öffnen, die Ihnen den Weg zur verborgenen Stätte des Allerhöchsten zeigt.

Der innere und der äußere Raum

Der Geist Gottes wohnt in Ihrem Geist. Sie sind in alle Ewigkeit errettet, nicht weil Sie Anhänger einer Religion namens Christentum sind, sondern weil Sie den Geist Jesu Christi in Ihrem Herzen aufgenommen haben. Durch ihn können Sie zu Gott kommen.

In Ihnen gibt es einen Platz, an dem Christus wirklich wohnt, eine Stätte, an der sich sein Heiliger Geist und Ihr menschlicher Geist buchstäblich berühren.

Das ist nicht nur eine Glaubenslehre, sondern vielmehr eine Tatsache. Dieser Ort ist ein heiliger Ort. Wir nehmen diese Wahrheit an, weil sie biblisch verankert ist. Doch wie bekommen wir Zugang zu diesem heiligen Ort? Ja, ist es sogar möglich, dort dauernd zu wohnen, wenn wir einmal eingetreten sind? Die Antwort finden wir im Hebräerbrief.

In Kapitel 9 lesen wir: »Damit zeigt der Heilige Geist an, daß der Weg zum Heiligtum noch nicht geoffenbart ist, solange das vordere Zelt noch Bestand hat...« (Hebr 9,8).

Der Weg in die Gegenwart Gottes wird nicht offenbart, solange das äußere Zelt noch Bestand hat. Was ist mit diesem »vorderen (oder äußeren) Zelt« gemeint? Für die Juden war das vordere Zelt der größere der beiden Räume der Stiftshütte. In diesem Raum finden wir den Leuchter, den Tisch und die Schaubrote (Hebr 9,2). Der Priester betrat während seines täglichen Dienstes diesen Raum auch zuerst (Hebr 9,6). An diesen Raum schloß sich ein zweiter, innerer Raum an. Diesen Raum durfte nur der Hohepriester einmal im Jahr durch einen Vorhang betreten, und zwar nicht ohne Blut, das er für sich selbst und für die Sünden des Volkes darbrachte (Hebr 9,7). Dieser innere Raum war das Allerheiligste, die Wohnung Gottes auf Erden. In diesem Raum wohnte seine manifestierte Gegenwart. Gott wohnte nicht im »vorderen Zelt«, sondern im Allerheiligsten.

Der innere und der äußere Raum der jüdischen Stiftshütte sind Symbole für unser inneres und äußeres Wesen. Unser »vorderes Zelt« ist unser Seelenleben – das Leben, wie wir es mit unseren Sinnen und mit unseren Gefühlen (der Seele) wahrnehmen. Von diesem vorderen Zelt aus blicken wir nach draußen. Unsere Anbetung »erfolgt« in Übereinstimmung mit vorgegebenen Schemata oder speziellen Ausdrucksformen unserer jeweiligen Konfession oder Gemeinschaft. Dieser Teil in uns läßt uns aus einem Pflichtgefühl, anstatt aus einer Vision heraus in den Gottesdienst gehen. Durch ihn lassen wir uns von unseren Traditionen leiten, anstatt vom Heiligen Geist.

Sehr selten, wenn überhaupt, erfährt man die wirkliche Gegenwart des Lebendigen Gottes im vorderen Zelt. Wir sind zwar aus Glauben gerettet, doch die Erfahrung der Gegenwart Gottes scheint weit entfernt. Unsere Erfahrung besteht aus einer Unmenge von verschiedenen Vorstellungen, emotionellen Erlebnissen (oder einem Mangel darin) und großer Verwirrung über die Ordnung in der Gemeinde, über unser Leben in der Endzeit und das »Wie« der Anbetung. Solange der Mensch von Umständen und nicht von Gott beherrscht wird, hat sein vorderes Zelt noch immer Bestand. Gleichgültig welchen Eifer er an den Tag legt, der Weg ins Allerheiligste bleibt ihm verschlossen, bis seine äußere, menschliche Stärke gebrochen und sein inneres Verlangen nach Anbetung und Erkenntnis Gottes gewachsen ist.

Die Parallele zwischen der Stiftshütte und dem menschlichen Wesen wird fortgeführt in dem Bild des »innere Zelts«, das die Bibel auch als »Allerheiligstes« bezeichnet. Dieses innere Zelt entspricht dem Geist des Menschen. Für den Tempel aus Stein gilt das gleiche wie für den Tempel aus Fleisch und Blut: die Gegenwart Gottes wohnt im Allerheiligsten. Im Tempel der Juden war dieser innere Raum so heilig, so geweiht, daß viele Vorbereitungen notwendig waren, bis man schließlich eintreten durfte. Niemand kam rein zufällig in das Allerheiligste. »In das (Allerheiligste) aber (ging) einmal im Jahr allein der Hohepriester, nicht ohne Blut, das er darbringt für sich selbst und für die Verirrungen des Volkes« (Hebr 9,7).

Das Allerheiligste war der heiligste Platz auf Erden, da die manifestierte Gegenwart Jahwes, des Gottes Israels, in ihm wohnte. Wenn wir daran denken, in die Realität der Gegenwart Gottes einzutreten, werden wir sogleich mit dem Ausmaß unserer Sünde konfrontiert. Wie sollen wir uns Gott nähern und dabei am Leben bleiben?

Doch der Weg ins Allerheiligste öffnet sich vor uns nicht dadurch, daß wir bessere Menschen werden, das Gesetz halten oder irgendeine andere fadenscheinige Regel befolgen. Allein durch unsere Beziehung zu Jesus Christus haben wir Zutritt zur Gegenwart Gottes. Gott möchte nicht uns selbst, sondern vielmehr unsere Beziehung zu Jesus Christus vollkommen machen. Er ist unser Weg zur Heiligen Stätte. Er sagte: »Niemand kommt zum Vater als nur durch mich« (Joh 14,6). Jesu erklärtes Ziel ist es, uns »zum Vater« zu bringen. Die meisten Christen glauben, diese Verheißung erfülle sich erst im Jenseits. Doch Jesus kam, um uns hier und jetzt mit Gott zu versöhnen. Verlieren Sie diese Wahrheit niemals aus den Augen! Viele der Vorstellungen, Ideen und Traditionen, die wir gebrauchen, um das Christentum zu definieren, führen uns in gewisser Hinsicht in die Irre, nicht weil sie falsch wären, sondern weil sie den Willen und die Fürsorge Gottes nur höchst unzulänglich beschreiben!

Die Schrift sagt uns: »Denn durch ihn haben wir…den Zugang zum Vater…In ihm zusammengefügt, wächst der ganze Bau zu einem heiligen Tempel im Herrn« (Eph 2,18-22). Wir sind Gottes heiliger Tempel, seine Wohnung im Geist und wir trachten nach dem »Zugang zum Vater«, wo der Ewige mit uns Gemeinschaft hat.

Weshalb suchen wir Gott? Wir suchen Gott, um ihn anzubeten. Jesus sagt, der Vater suche Anbeter. Die Anbetung, die Gott gefällt, kommt aus dem Allerheiligsten, wo sich der Mensch des Einflusses und der Gegenwart Gottes bewußt wird.Anbetung ist weder ein System, noch eine äußerliche Form. Sie ist vielmehr die Folge dessen, den Allmächtigen wahrhaftig in »Geist und Wahrheit« erkannt zu haben (Joh 4,23).

Der neue und lebendige Weg

Durch Sünde und Scham baut jeder Mensch zwischen sich und Gott eine Mauer auf. In der Bibel finden wir dreimal einen Vorhang (bzw. eine Decke), der die Juden von Gott trennte. Der erste hing im hebräischen Tempel. Durch diesen dicken Vorhang durfte nur der gesalbte Hohepriester einmal im Jahr in den heiligen Raum Gottes eintreten. Dieser Vorhang riß mittendurch, als Jesus starb (Mt 27,51). Er trennte nicht nur den äußeren vom inneren Raum, sondern auch die Welt der Menschen von der Gegenwart Gottes.

Im weiteren ist von einer Decke die Rede: Mose bedeckte

sein Gesicht mit einer Decke, nachdem er Gott begegnet war. Diese Decke dient wiederum dazu, das Volk von Gott zu trennen, auch wenn der Glanz der Herrlichkeit schon langsam abnahm (2.Mo 34,29-35).

Auch Paulus spricht von einer Decke, die weniger offensichtlich und deshalb auch gefährlicher ist als die anderen. Diese Decke bleibt nicht nur auf den Herzen der Juden, sondern auch auf den Herzen derer, die Gott nicht kennen (2.Kor 4,3-4). Doch der Apostel sagt auch: »Dann aber, wenn (er) 'sich zum Herrn wendet', wird die Decke weggenommen« (2.Kor 3,15-18).

Diese dritte Decke ist unser selbstbezogenes Leben. Wenn sich unser Ego wie eine Decke über unser Herz legt, wird unsere Wahrnehmung durch die grundsätzlich ichbezogene Orientierung unseres Wesens getrübt. Doch wenn wir uns Gott zuwenden, reißt der Vorhang der Ichbezogenheit – wie der Tempelvorhang – mittendurch. Hier wird nicht irgendein dünnes Gewebe durchschnitten, sondern vielmehr das Herz zerrissen und das engmaschige Netz der Selbstgerechtigkeit und der Selbstsicherheit in zwei Teile zertrennt. Dieser Riß entsteht gewaltsam und tötet den alten ichbezogenen Menschen.

Erst wenn das alte selbstbezogene Leben gnadenlos und ohne Mitleid gekreuzigt wird, kann die Seele so rein werden, daß sie den lebendigen Gott erkennt. In Mose sehen wir einen Menschen, der ohne eine trennende Decke in der Gegenwart Gottes steht. Als er zum heiligen Zelt zurückkehrte, nahm er die Decke vom Gesicht, wandte sich um und trat durch den Vorhang hindurch in die strahlende Herrlichkeit Gottes. Die Schrift sagt uns, daß Mose hier, im Glanz des Ewigen Lebens, von Angesicht zu Angesicht mit Gott sprach.

Genauso wohnt auch jetzt dieselbe heilige Gegenwart im Allerheiligsten unseres Geistes. Wenn in Christus die Decke der Selbstsucht, der Sünde und der Scham zerrissen wird, können auch wir uns umdrehen und Gottes Herrlichkeit schauen – nur, die Herrlichkeit, die wir sehen, liegt nicht außerhalb von uns. Sie verschwindet auch nicht von unserem Gesicht, wenn wir wieder gehen. Der Geist Gottes wohnt in uns. Jedesmal wenn wir ihn wirklich sehen, jedesmal, wenn er uns offenbart wird, verändert sich unser Herz in eine stetig wachsende, nie aufhörende Herrlichkeit, die uns von einer Herrlichkeit zur anderen in sein heiliges Bild umgestaltet (2.Kor 3,18).

Der letzte Vorhang – das Fleisch Christi

Angesichts dieser erstaunlichen geistlichen Realitäten ist es wirklich kein Wunder, daß Satan die Erfüllung von Gottes Wort bekämpft. Doch Gott hat uns nicht nur eine Hoffnung auf ein göttliches Wesen gegeben, sondern auch den Weg dorthin aufgezeigt. Der Vater hat ein vollkommenes Opfer dargebracht, ein Opfer, das es uns möglich macht »…durch den Vorhang – das ist durch (Jesu) Fleisch« in die herrliche Gegenwart Gottes einzutreten (Hebr 10,20).

Der letzte Vorhang, durch den wir gehen, ist kein Tuch, sondern das Fleisch Jesu Christi. Durch ihn können wir zu Gott zurückkehren. Die Schrift sagt uns: »Wenn wir unsere Sünden bekennen, ist er treu und gerecht, daß er uns die Sünden vergibt und uns reinigt von jeder Ungerechtigkeit… Meine Kinder, ich schreibe euch dies, damit ihr nicht sündigt; und wenn jemand sündigt – wir haben einen Beistand bei dem Vater: Jesus Christus, den Gerechten. Und er ist die Sühnung für unsere Sünden, nicht allein aber für die unseren, sondern auch für die ganze Welt« (1.Joh 1,9; 2,1-2).

Durch das Opferblut Jesu Christi wird uns vollkommene Vergebung und Reinigung zuteil, wenn wir in die Gegenwart Gottes eintreten. Als Christus auferstand, betrat er die größere und vollkommenere Stiftshütte, die nicht von Menschenhand gemacht ist, das heißt, die »nicht von dieser Schöpfung« gemacht ist (Hebr 9,11). Als Jesus diese himmlische Stiftshütte betrat, von der die Stiftshütte des Mose nur eine Kopie war, nahm er nicht das Blut von Böcken oder Kälbern, sondern sein eigenes Blut mit ins Allerheiligste (Hebr 9,12-13).

Wieder liefert der Hebräerbrief die beste Beschreibung: »Daher ist auch der erste Bund nicht ohne Blut eingeweiht worden. Denn als jedes Gebot nach dem Gesetz von Mose dem ganzen Volk mitgeteilt war, nahm er das Blut der Kälber und Böcke mit Wasser und Purpurwolle und Ysop und besprengte sowohl das Buch selbst als auch das ganze Volk und sprach: DIES IST DAS BLUT DES BUNDES, DEN GOTT FÜR EUCH GEBOTEN HAT. Aber auch das Zelt und alle Gefäße des Dienstes besprengte er ebenso mit dem Blut; und fast alle Dinge werden mit Blut gereinigt nach dem Gesetz, und ohne Blutvergießen gibt es keine Vergebung« (Hebr 9,18-22).

Nach dem Alten Bund besprengte Mose alle Gegenstände im Allerheiligsten mit dem Blut der Opfertiere. Mit diesem Blut reinigte er alle Dinge, die von ihrem Wesen her unrein geschaffen sind. Was Mose durch die Besprengung mit Blut in der irdischen Stiftshütte vollzog, hat Jesus mit seinem eigenen Blut in der himmlischen Stiftshütte für uns getan.

»Es ist nun nötig, daß die Abbilder der himmlischen Dinge hierdurch gereinigt werden, die himmlischen Dinge selbst aber durch bessere Schlachtopfer als diese. Denn der Christus ist nicht hineingegangen in ein mit Händen gemachtes Heiligtum, ein Gegenbild des wahren Heiligtums, sondern in den Himmel selbst…« (Hebr 9,23-24).

Außer Ihnen und mir gibt es nichts Unreines in der himmlischen Stiftshütte. Wir sind die »himmlischen Dinge«, die durch das Blut Christi gereinigt werden mußten, bevor sie in die himmlische Stiftshütte eintreten durften. So wie Mose die irdische Kopie der heiligen Stätte mit Blut reinigte, reinigt auch Jesus alle, die mit ihm in die wahre, himmlische Stiftshütte eintreten.

Während des Passahmahles nahm Jesus den symbolischen Kelch mit Wein und sagte zu seinen Jüngern: »Trinkt alle daraus! Denn dies ist mein Blut des Bundes, das für viele vergossen wird zur Vergebung der Sünden« (Mt 26,27-28). Im Hebräerbrief lesen wir, daß dieses Opfer so vollkommen war, daß »er (mit einem Opfer) die, die geheiligt werden, für immer vollkommen gemacht (hat)« (Hebr 10,14). Indem Jesus sich entschloß, für die Menschen zu sterben, sagte er sinngemäß zum Vater folgendes: »Jedesmal wenn sie sündigen und für jede Art von Sünde, habe ich mein Leben zu ihrer Erlösung hingegeben, solange Buße und Glaube in ihren Herzen ist.«

»Da wir nun, Brüder, durch das Blut Jesu Freimütigkeit haben zum Eintritt in das Heiligtum, den er uns bereitet hat als einen neuen und lebendigen Weg durch den Vorhang – das ist durch sein Fleisch – und einen großen Priester über das Haus Gottes, so laßt uns hinzutreten mit wahrhaftigem Herzen in voller Gewißheit des Glaubens…« (Hebr 10,19-22).

Gott möchte, daß wir ihn im Geist und in der Wahrheit anbeten. Durch Jesus Christus wurde es möglich, Gott so nahe zu sein, wie wir wollen. Nicht Gott zieht hier die Grenze, sondern wir. Mit grenzenlosem Staunen und heiliger Furcht können wir uns vor der Realität seiner Majestät beugen und ihn anbeten. Durch Jesus können wir uns aufrichtigen Herzens und in voller Gewißheit des Glaubens Gott nähern; wir können buchstäblich in die heilige Stätte Gottes eintreten und dort wohnen.

Teil 7

Ein reines Herz

Es ist möglich, ein reines Leben vor dem Herrn zu führen. In jeder Generation empfängt »eine kleine Herde« das Reich Gottes und arbeitet auf die Verwirklichung der Ziele Gottes mit ihrer Generation hin (Lk 12,32). Alle, die sich reinigen, wie Jesus rein ist, sind Teil dieser kleinen Herde (1.Joh 3,3). Sie werden rein durch die Liebe, nicht durch das Gesetz. Sie sind die Braut, die sich für den Bräutigam bereit macht (Offb 19,7).

Kapitel 21

Reinheit des Herzens: ein Blick in das Verborgene

Geistliche Erkenntnisfähigkeit kommt aus einem reinen Herzen. Alles, was wir im Leben sehen und wie wir es sehen, hängt von unseren ureigensten Gedanken ab. Ein reines Herz ist eine unabdingbare Voraussetzung, wenn wir das Reich Gottes klar und unverhüllt sehen wollen.

Erkenntnis durch Offenbarung vor dem Thron Gottes

In der Offenbarung finden wir eine wunderbare Stelle: »...und inmitten des Thrones und rings um den Thron vier lebendige Wesen, voller Augen vorn und hinten...und ringsum und inwendig voller Augen...« (Offb 4,6.8). Wir wollen hier nicht über diese Geschöpfe spekulieren. Wir trachten nach einem reinen Herzen, das wir durch ein Leben im Bewußtsein der Gegenwart Gottes empfangen. Wir wollen diesen Blick in das Verborgene bekommen, der seinen Ursprung in Gottes Thron hat. Auch wenn diese »lebendigen Wesen« vieles symbolisieren könnten, ist doch eines ziemlich sicher: Johannes hatte keinen Alptraum über sechsflüglige Tiere, deren Körper voller Augen waren. Johannes sah eine symbolische Darstellung einer tieferliegenden Wahrheit. Die vielen »Augen« symbolisieren einen direkten Einblick, dem nichts entgeht und der jedem zuteil wird, der in der Gegenwart Gottes lebt.

Wo der Herr ist, befindet sich auch sein Thron. Wenn Sie Gott begegnet sind, dann nur, weil Ihr Geist vor seinem Thron war. Bei Ihrer Bekehrung wurden Sie »von oben her«

wiedergeboren (Joh 3,3). Genau in diesem Moment wird Ihr Geist durch das Wirken des Heiligen Geistes in die Himmelswelt neben Christus auf den Thron »versetzt« (Eph 2,6). Wo seine Gegenwart ist, befindet sich auch sein Thron; wo er gegenwärtig ist, weitet sich unser Blick.

Diese »lebendigen Wesen« symbolisieren das Leben, das derjenige findet, der in der Gegenwart Gottes verharrt. In ihm können unsere Augen denken: sie sehen mit Verständnis und mit der Gabe der Unterscheidung. Unser Blick wird eins mit dem Sinn Christi und offenbart dadurch all das, was wir mit unserer eingeschränkten Wahrnehmung nicht hätten erkennen können; wir sehen »vorn und hinten«. Unser Blick kommt von der Mitte des Thrones. Wir sehen nicht nur geistliche Realitäten, die man jetzt noch nicht ergreifen kann, sondern wir sind auch nahe genug, um die Tiefen Gottes ausloten und erforschen zu können (1.Kor 2,10).

Doch zur selben Zeit werden uns durch diese Sicht auch »inwendig« Augen geschenkt, die die Motivationen erkunden, die unser Handeln beeinflussen, Augen, die gegen die Sünde Wache halten. Je weiter unser Blick wird, desto mehr sehen wir Gott in seiner Heiligkeit. Selbst die kleinste Sünde in unserem Leben gewinnt an Bedeutung; wir müssen ein reines Leben vor ihm führen.

Die »vier lebendigen Wesen« vor dem Thron Gottes rufen pausenlos »Heilig, heilig, heilig, Herr, Gott, Allmächtiger…« (Offb 4,8). Gott ist heilig, Tag und Nacht. Wenn unsere geistlichen Augen geöffnet worden sind, sagen wir in allem nur noch »heilig, heilig, heilig«.

Ein wahrer Israelit besitzt geistliche Erkenntnisfähigkeit

Jesus sagte über Nathanael: »Siehe, wahrhaftig ein Israelit, in dem kein Trug ist« (Joh 1,47-51). Wer war dieser Jünger, daß Jesus ihn pries? Kein Trug und keine Arglist war im Herzen dieses jungen Mannes. Wie sehr sollten auch wir für uns selbst nach so einer Reinheit streben! Nathanael hatte »inwendig« Augen. Er war nicht der Selbsttäuschung verfallen. Wenn Sie die Wahrheit in sich bewahren, werden Sie die Wahrheit, die Sie umgibt, erkennen. Nathanael sah Jesus an und sagte: »...du bist der Sohn Gottes, du bist der König Israels« (V.49).

Jesus sagte zu Nathanael: »Du wirst Größeres als dies sehen...ich sage euch: Ihr werdet den Himmel geöffnet sehen und die Engel Gottes auf- und niedersteigen auf den Sohn des Menschen« (Joh 1,50-51). Weil Jesus das aufrichtige Herz des Nathanael kannte, wußte er auch, daß diesem unweigerlich der Blick ins Verborgene zuteil werden würde. Wer ein reines Herz hat, kann in das Verborgene sehen. Ihr Kampf gegen die Sünde, Ihr Haß auf die Falschheit, Ihr beständiges und demütiges Streben nach Heiligkeit – all das ist eine Vorbereitung darauf, Gott zu schauen. Der Himmel wird sich vor Ihnen öffnen.

Weil unsere Herzen abgestumpft sind, gehen wir mittlerweile davon aus, daß geistliche Blindheit ein Teil der unglückseligen Lebensbedingungen in dieser Welt ist. In Wahrheit bestand jedoch eines der alttestamentlichen Urteile über die Sünde darin, daß die Himmel zu »Bronze« wurden. Genauso ist auch für die meisten Christen der Himmel verschlossen. Nur wenige können frei und ungehindert in die unsichtbare Welt oder in ihr eigenes Herz sehen. Für ein verhärtetes Herz ist der Himmel immer »Bronze«. Doch der Herr verhieß: »Ihr werdet den Himmel geöffnet sehen und die Engel Gottes...«!

Gott möchte, daß wir einen echten geistlichen Blick bekommen. Ein Zeichen des Wirkens des Heiligen Geistes in einer Gemeinde ist, daß »(die) Jünglinge Gesichte sehen (werden) und (die) Ältesten Traumgesichte haben (werden)« (Apg 2,17). Das himmlische Reich Gottes findet seine Fortsetzung im irdischen Reich Gottes.

Oh, es gibt einige, die behaupten, übernatürliche Kraft sei ausschließlich den Christen des ersten Jahrhunderts vorbehalten gewesen und daß wir heute »durch Glauben, nicht durch Schauen« (2.Kor 5,7) leben. Ja, wir machen oftmals Glaubensschritte, wenn wir nicht im Voraus wissen, was ein bestimmter Schritt mit sich bringen wird. Doch wir nehmen den wahr, der mit uns ist! Wir haben kein blindes Vertrauen, sondern vielmehr ein sehendes und bewährtes Vertrauen! Wenn wir im Glauben wandeln oder einen geistlichen Blick haben, geht es nicht um ein »entweder…oder«. Kurz bevor Paulus sagte, er wandle im Glauben, schrieb er, daß »wir nicht das Sichtbare anschauen, sondern das Unsichtbare…das Unsichtbare aber (ist) ewig« (2.Kor 4,18). Durch Offenbarung hatte Paulus Einblick in die unsichtbare Welt. Er sah den ewigen, geistlichen Leib, der ihn im Himmel erwartete! (2.Kor 5,1.4). Er wußte »von dem betreffenden Menschen…daß er in das Paradies entrückt wurde und unaussprechliche Worte hörte« (2.Kor 12,3-4). Wir könnten Paulus' geistlichen Blick noch weiter beschreiben, doch möchten wir stattdessen auf die Tatsache hinweisen, daß ein Drittel des Neuen Testaments seiner ungehinderten Sicht Christi zu verdanken ist. Wie sah er all diese Dinge? »Wir alle aber schauen mit aufgedecktem Angesicht die Herrlichkeit des Herrn…« (2.Kor 3,18). Und weiter »…sondern wir haben den geheimen Dingen, deren man sich schämen muß, entsagt…« (2.Kor 4,1-2). In Kapitel 7 fährt er fort: »Da wir nun diese Verheißungen haben, Geliebte, so wollen wir uns reinigen von jeder Befleckung des Fleisches und des Geistes und die Heiligkeit vollenden in der Furcht Gottes« (2.Kor 7,1). Aus einem reinen Herzen und aus einer vollendeten Heiligkeit heraus, konnte er frei und uneingeschränkt die Herrlichkeit Gottes sehen.

Denken Sie daran: Wir streben nicht nach Erfahrungen, sondern danach, ein reines Herz zu haben. Wir laufen keinen Visionen nach, sondern wir wollen heilig sein. Genauso wie übernatürliche Phänomene für die ursprüngliche Kirche ganz selbstverständlich waren, stand es auch außer Frage, daß die Reinheit des Herzens eine unabdingbare Voraussetzung dafür war. Jagen Sie nicht wie ein Narr den Visionen nach. Trachten Sie nach der Heiligung, und wenn Sie bereit sind, wird Gott – wenn er will – auf übernatürliche Art und Weise zu Ihnen sprechen (Apg 2,17-18). Versuchen Sie nicht, eine »Erfahrung« mit Jesus zu simulieren; streben Sie vielmehr nach einem reinen Herzen und geben Sie Christus Raum, damit er Sie jeden Tag erforschen und reinigen kann. Indem er Sie in seinem Wort reinigt und Sie durch seine Heiligkeit zur Einsicht gelangen, zieht er Sie in seine Gegenwart. Er wird Ihnen die Augen für die Dinge öffnen, die »ringsum und inwendig« liegen.

Kapitel 22

Die Jungfrau wird ein Kind gebären

In der Bibel werden viele Prinzipien einfach umgedreht. Das Alte wird neu, die Toten werden lebendig, der verlorene Sohn wird wieder aufgenommen. Selbst den schlimmsten Sündern wird nun durch die Gnade Kraft verliehen, um zur jungfräulichen Braut Christi zu werden.

Die jungfräuliche Braut Christi

Wir sollen zu einer heiligen, makellosen Braut Christi werden. Doch bevor wir eine Braut sind, werden wir zu einer Jungfrau. Dem biblischen Verständnis nach, war eine Jungfrau nicht nur frei von der Sünde des vorehelichen Geschlechtsverkehrs oder unmoralischen Verhaltens; eine Jungfrau war auch »für einen anderen abgesondert«. Wenn nun die Kirche jungfräulich werden soll, bedeutet das, daß sie sich von der Welt nicht verderben und verunreinigen lassen soll. Sie soll unberührt sein von den Vorstellungen, Traditionen und Sünden der Menschen. Um eine geistliche Jungfrau werden zu können, müssen wir zunächst voll und ganz Jesus geweiht und für ihn abgesondert werden (2.Kor 11,2-3).

Wie für jeden Bereich des wahren christlichen Lebens, gilt auch für die Reinheit der Gemeinde folgendes: sie kommt nicht aus ihr selbst; sie wird ihr als besondere Eigenschaft von Christus verliehen. Reinheit ist eine echte und lebendige Tugend, doch allein eine Tugend Christi. Sie werden sich wohl daran erinnern, daß auch Jesus selbst eine Jungfrau war. Seine Jungfräulichkeit war kein dauerhaftes Merkmal, sondern bestand vielmehr darin, daß er sich für uns absonderte, genauso wie auch unser Leben eine Vorbereitung auf ihn ist.

Bezüglich der Einheit Christi mit der Kirche und der Hochzeit zwischen dem Sohn Gottes und den Menschen schrieb Paulus: »Deswegen wird ein Mensch Vater und Mutter verlassen und seiner Frau anhängen, und die zwei werden ein Fleisch sein. Dieses Geheimnis ist groß, ich aber deute es auf Christus und die Gemeinde« (Eph 5,31-32).

Christus und seine Gemeinde werden ein Fleisch! Der Apostel sagte: »Dieses Geheimnis ist groß«. Geben Sie nicht vor, dies zu verstehen, nur weil Sie es lesen können. Dieses Geheimnis ist groß. Jesus verließ seinen Platz neben dem Vater und damit all seine Privilegien als Sohn Gottes und nahm Menschengestalt an, damit er das menschliche Wesen erst in sich aufnehmen und dann – durch die Auferstehung – zu seinem göttlichen Wesen machen konnte: die zwei wurden ein Fleisch! Jesus wird immer der Sohn Gottes sein, doch in seiner Liebe wollte er auch zu seiner Frau, der Gemeinde, gehören. Auch wenn er durch den Geist auf ewig mit dem Vater eins ist, ist er auch ewig mit der Gemeinde vermählt. War es nicht das ewige Ziel Gottes, den Geist seines Sohnes in die Gemeinde einzubringen und damit den Menschen sowohl nach seinem Bild als auch ihm ähnlich zu schaffen (1.Mo 1,26)?

Die Schrift bezeichnet Jesus als den letzten Adam (1.Kor 15,45). Er ist der Erstgeborene der neuen Schöpfung, so wie Adam der Erstgeborene der alten Schöpfung war. Doch der erste Adam fiel zusammen mit Eva in Sünde, weil er seiner Frau anhing. Doch indem Christus seiner Gemeinde anhing, hat er uns erlöst, erhöht und in ihm mitsitzen lassen in der Himmelswelt (Eph 2,6).

Die Hochzeit zwischen Adam und Eva, in der Eva buchstäblich aus der Substanz Adams geschaffen wurde, ist ein prophetischer Hinweis auf die Erschaffung der Gemeinde, buchstäblich aus der Substanz Christi. Wir sind buchstäblich »Gebein von (seinem) Gebein und Fleisch von (seinem) Fleisch« (1.Mo 2,23); unsere Leiber sind die tatsächlichen Körperglieder Christi (1.Kor 6,15; 12,12). Und genauso wie Eva ein Teil der gesamten Persönlichkeit Adams war, so sind auch wir »in ihm…vor Grundlegung der Welt« (Eph 1,3) auserwählt, in der Person Christi, ja sogar noch bevor er Menschengestalt angenommen hatte.

Der Ruhm Christi ist seine Gemeinde

»Darum spricht er, als er in die Welt kommt: 'SCHLACHTOPFER UND GABEN HAST DU NICHT GEWOLLT, EINEN LEIB ABER HAST DU MIR BEREITET'« (Hebr.10,5).

Halten Sie diesen Gedanken gut fest: wenn der Geist Christi in die Welt kommt, muß er die natürliche Welt auch in einem natürlichen Leib betreten. Damit Christus in diesem Leib Einzug halten kann, muß dieser notwendigerweise heilig sein. Er wird schon im voraus darauf vorbereitet worden sein; dieser Leib wird rein und jungräulich sein. Dieser Leib soll nicht noch mehr Opfer darbringen, die für die Zeit und die Gebräuche der Menschen typisch sind. Wenn Christus in die Welt kommt, sagt er vielmehr: »Siehe, ich komme…um deinen Willen, o Gott, zu tun« (Hebr 10,7).

Wenn wir sein erstes Erscheinen betrachten, dann mußte Jesus durch eine dreißigjährige Vorbereitungszeit gehen, bevor er als Messias offenbart und mit der zu seinem Dienst notwendigen Kraft ausgestattet wurde. In den damaligen Schulen der Rabbiner konnte er nichts über das Reich Gottes lernen. Jesus selbst wurde darauf vorbereitet, Gottes Willen zu tun. Auch wenn Jesus immerdar der Sohn Gottes war, »nahm (er) zu an Weisheit…« (Lk 2,52). Jesus war immer sündlos und gehorsam, doch erst als er in der Kraft des Geistes aus der Wüste zurückkehrte (Lk 4,1.14), war er vollkommen, d.h. er hatte »keinen Mangel« mehr. Erst als er die ganze Vorbereitungszeit durchlebt hatte und seine Zeit gekommen war, konnte Jesus Wunder wirken. Wir müssen – genauso wie Jesus – in diese von Gott geplante Vollkommenheit hineinwachsen. Er war immer rein und sündigte nie, doch in Hebräer 5,8-9 lesen wir folgendes: »…obwohl er Sohn war, (lernte er) an dem, was er litt, den Gehorsam; und vollkommen gemacht ist er…«.

Wenn wir die Vorbereitungsphase des Menschen Jesus (des »Leibes«, den Gott bereitet hatte) studieren, offenbart das erste Kapitel des Hebräerbriefes Christus auch als den, der schon vor der Schöpfung da war, als den Sohn Gottes in alle Ewigkeit (Hebr 1,8). Im selben Brief lesen wir, daß ein Zeitpunkt gekommen war, an dem Christus als vorbereiteter und vollkommener Mensch in den vollmächtigen Dienst des Sohnes Gottes »hineingeboren« wurde. Bis zum Zeitpunkt seiner Taufe durch Johannes, »rang« Jesus damit, seine Bestimmung zu finden; tief in seinem Herzen wartete er auf die Erfüllung der Verheißung Gottes und ließ sich von Gott vorbereiten.

Nach der Wassertaufe des Johannes, kam der Heilige Geist mit Macht über ihn, als er betete. Der Himmel tat sich auf und es erschallte die Stimme des Vaters: »HEUTE…«. Und in diesem einzigartigen Moment standen alle Verheißungen, alle Träume, alle Prophetien und Visionen, die dreißig Jahre des Lernens und der Vorbereitung und das Vertrautwerden mit dem Leid, in völliger Hingabe bereit, »…HABE ICH DICH GEZEUGT« (vgl.Hebr 1,5;5,5). Sogleich strömte die Macht des Himmels durch den Geist des Menschen Jesus. Der Dienst des Messias war geboren! Die Fülle der Zeit und die Kraft der Ewigkeit vereinigten sich, die Stimme Gottes hatte gesprochen – nicht zu den Menschenmassen, nicht wegen Johannes dem Täufer, sondern zu Jesus: »DU BIST MEIN GELIEBTER SOHN!« (Lk 3,22).

Jesus hatte alle Bedingungen erfüllt und die Zeit der Vorbereitung war vorbei. Von Gott gezeugt, wurde Jesus als Messias in seine ewige Bestimmung, auf die er sich sein ganzes Leben lang vorbereitet hatte, hineingeboren.

Maria, ein Bild für die Kirche

In gewisser Hinsicht war auch Maria, die Mutter Jesu, ein »Leib (den Gott) bereitet (hat)« (Hebr 10,5). Als Christus als Kind in unsere Welt kam, war Maria von Gott auserwählt worden, um ihm das Leben zu schenken. Sie war eine Magd des Herrn, sie war demütig, sie glaubte dem Wort, das an sie ergangen war, und sie war eine Jungfrau (Lk 1,34-38). Maria empfing von Gott. Sie trug den Sohn Gottes bis zur Niederkunft in ihrem Leib.

Was für Maria galt, gilt auch für uns: Das Leben und die Vorbereitungszeit Marias sind ein Symbol für die Eigenschaften, die die Gemeinde besitzen muß, wenn sie die Fülle Christi freisetzen will.

Ihr Männer und Frauen Gottes, wir werden auf unsere ewige Bestimmung vorbereitet! Wie im Falle Marias, ist auch unsere Position als demütige Diener Gottes nur eine Vorbereitung auf das Offenbarwerden Christi in unserem Leben! Von Gott »zur Einsicht gebracht werden« bedeutet nicht, bestraft zu werden; es bedeutet, schlicht, rein und geistlich makellos zu werden. Unsere Reinheit und unsere geistliche Jungfräulichkeit als Leib Christi weist auf nichts Geringeres hin, als darauf, daß uns Gott selbst darauf vorbereitet, dem Dienst seines Sohnes das Leben zu schenken. Denn schon jetzt befindet sich der heilige Same Christi im geistlichen Mutterleib der jungfräulichen Kirche; dort wächst er und entwickelt sich zur vollen Reife, bis er in Vollmacht in unsere Welt hineingeboren wird!

Wir dürfen die Geburtswehen nicht scheuen

Wir leben in einer Zeit der »Wiederherstellung aller Dinge«, wie die Bibel sagt (Apg 3,21). Seit der Reformation wird der Geist Christi in der Kirche mehr und mehr wiederhergestellt. Seit den dunklen Zeiten, in denen das Volk abtrünnig geworden war, war es jedesmal, wenn ein Stück mehr von der Gegenwart Christi offenbar wurde, einer »jungfräulichen Gemeinde« zu verdanken, die die Geburtswehen vor diesem Offenbarwerden nicht gescheut hat. Martin Luther oder John Wesley, eine Hausfrau oder ein Teenager in Bethlehem – jeder, von dem Gott weiß, daß er sich immer wieder für ihn entscheiden wird – empfängt durch den Heiligen Geist eine Vision vom lebendigen Gott. Diese Vision breitet sich aus; sie wird in Verfolgungen geprüft und wie durch Feuer geläutert, aber sie breitet sich aus. Ja, jeder von diesen Menschen hat Fehler, keiner von ihnen ist vollkommen. Doch auf ihrem Weg ergreift die Vision förmlich Besitz von ihrer Seele. Sie werden »eine Frau, bekleidet mit der Sonne…«, die jungfräuliche Kirche, die »schwanger (ist) und schreit in Geburtswehen« (Offb 12,1-2).

Je näher die Stunde heranrückt, desto mehr Aufgaben müssen hinten angestellt werden, damit sich diese jungfräuliche Kirche auf ihre wichtigste Aufgabe konzentrieren kann. Sie hält durch intensives Gebet, durch all das Leid im Heiligen Geist, in unaussprechlichem Seufzen an ihrer Bestimmung fest – bis man in ihren Gebeten wieder die Stimme Christi hört: »Herr, ich bin gekommen, deinen Willen zu tun, o Gott!« Dieses heilige Volk, das im Heiligen Geist und in seiner Kraft geboren wurde, das durch Liebe und Leiden zusammengeschweißt wurde, wird ein »Leib, (den Gott) bereitet (hat)«.

Lieber Leser, jetzt schon zittert die Hölle, und der Himmel verfolgt in Ehrfucht dieses Geschehen. Denn ich sage Ihnen, die »Jungfrau ist wiederum kurz vor ihrer Niederkunft«.

Vor Jesu Wiederkunft wird die letzte jungfräuliche Gemeinde durch die Verheißung Gottes schwanger werden. Aus ihren Wehen wird ein von Gott bereiteter Leib hervorkommen, ja, der Leib Christi, der in allem seinem Haupt, Jesus Christus, entspricht. In der stets zunehmenden Gegenwart seiner Majestät und in einer Offenbarung der Heiligkeit, der Vollmacht und der Liebe innerhalb des Leibes, wird sich die Braut Christi in reinen und strahlend weißen Kleidern erheben. Während dieses letzten Wirkens Gottes wird eine große Finsternis die Erde bedecken. Wie im Falle des Gerichts über Ägypten, wird es eine Finsternis sein, »die man fühlen kann«. Doch inmitten dieser Finsternis wird die sichtbare und mächtige Herrlichkeit des Herrn Jesus über seine Kirche kommen. An ihr wird man seine Herrlichkeit sehen. Ganze Nationen werden sich diesem Licht zuwenden, Könige werden zu diesem Glanz hingezogen werden. In ihrem Glanz wird sie weithin sichtbar sein, weil in ihrem Herzen der herrliche Morgenstern aufgegangen ist. In ihrem heiligen Gewand, aus dem Schoß des Morgens heraus wird sie strahlen und frohlocken! (Eph 4,13; Offb 2,26-27; 2.Mo 10,21; Jes 60,1-3; 2.Petr 1,19; Ps 110,1-3).

Ein letztes Wort

Wir wollen folgendes nie vergessen: »...das Reich Gottes besteht nicht im Wort, sondern in Kraft« (1.Kor 4,21). Worte allein sind lediglich eine Illusion, sie helfen uns nur, die Wirklichkeit zu benennen, doch haben sie mit der Wirklichkeit, deren Stellvertreter sie sind, nichts gemein. Denken Sie daran, daß der Hauptunterschied zwischen dem Reich Gottes und der traditionellen Religion darin besteht, daß das Reich Gottes die Substanz dessen hat, was die Religion nur benennen kann.

Wir möchten die Heiligkeit, die uns in die wirkliche Gegenwart Gottes führt, suchen und finden. Wir wollen auch niemals vergessen, daß der Herr an einer verborgenen Stätte wohnt. Kein Buch, kein Lehrer, kein anderer Mensch kann das für uns entdecken, was wir nach dem Willen der Liebe Gottes selbst entdecken sollen. Wenn wir erkannt haben, daß wir Gott suchen sollen, sind wir solange Schuldner dieser Erkenntnis, bis wir ihn gefunden haben.

Zum Abschluß: Setzen Sie ganz einfach das um, was Sie erkannt haben. Wenn Sie straucheln, stehen Sie wieder auf. Wenn Sie sündigen, tun Sie Buße. Gleichgültig was Sie tun, verlieren Sie trotz Ihrer Gefühle niemals den Blick dafür, daß Sie Christus ähnlich werden sollen. Diese Vision ist eine feste Zuversicht. Hüten Sie sie. Wenn Sie treu Ihrem Ziel nachjagen, nämlich Christus ähnlich zu werden, dann wird Ihnen Gott Gnade erweisen und Sie werden in seiner Gegenwart leben. Und wenn Christus, der Ihr Leben ist, offenbar werden wird, werden auch Sie mit ihm in Herrlichkeit offenbar werden (Kol 3,3-4).

Francis Frangipane

Dieses Buch »Heiligkeit, Wahrheit und die Gegenwart Gottes« ist kein Buch für Jedermann. Es ist für denjenigen, der unzufrieden ist über die Fortschritte, die er macht und der bereit ist, etwas dafür zu tun. Es ist für jeden Heiligen, der spürt, daß er nur dann überleben kann, wenn er die Fülle Gottes findet.

Francis Frangipane

Geistlicher Kampf auf drei Ebenen

Best.-Nr. 175828, Pb., 140 Seiten, DM/sfr. 14,80

Dieses Buch führt Sie zu den drei Schauplätzen des geistlichen Kampfes, in dem der reife Christ steht: die Gedanken, die Kirche und die Himmelswelt. Es bietet Ihnen eine Grundlage, wie Sie mit Weisheit und Unterscheidungsfähigkeit das Wesen des Kampfes deutlicher erkennen können und weist Sie auf die Schlüssel zum Sieg hin.

Hanne Baar

Gott macht das Krumme gerade – Essays zum Nachspüren

Best.-Nr. 175833, Tb., 70 Seiten, DM/sfr 7,80

Es fällt oft schwer, negative Haltungen wie Eifersucht, Dominanz, Leistungsorientiertheit usw. im eigenen Leben zu erkennen. Und es fällt noch schwerer, diese zuzugeben und dann loszulassen, obwohl wir sie als negative identifizierten. Warum ist das so? Hanne Baar beschreibt solche Haltungen, ihre Wurzeln, ihre Verzweiflungen, ihre Dornen, und man bekommt mit der Zeit Geschmack, sich auf dieses Detektivspiel um die eigene Seele unter der liebevollen Führung unseres Himmlischen Vaters einzulassen, auch wenn es manchmal weh tut.

R.Loren Sandford

Der verwundete Christ – Heilwerden von Streß

Best.-Nr. 175819, Pb., 128 Seiten, DM/sfr. 13,80

Dieses offene und ehrliche Buch ist für Menschen geschrieben, die durch Streß in Not geraten sind. Loren Sandford gibt dem Leser Einblick in sein eigenes Leben und zeigt so einen Weg auf, der durch dieses so weit verbreitete Problem hindurchführt. Mit großem Einfühlungsvermögen schildert er die Phasen der Verwundung und die Schritte der Wiederherstellung. Es ist ein regelrechtes Überlebenshandbuch für verwundete Christen, ihre Seelsorger und die Familienangehörigen.

Lance Lambert/David Minor/
Rick Joyner mit einem Vorwort des Herausgebers Derek Prince

Das Zukünftige wird Er euch offenbaren

Best.-Nr. 175827, Gh., 32 Seiten, DM/sfr. 3,80

Ein wichtiger Dienst des Heiligen Geistes an der Gemeinde Jesu besteht darin, uns auf Dinge aufmerksam zu machen, die noch in der Zukunft liegen und für uns von Bedeutung sind. In vielen Fällen kann unser Erfolg, ja sogar unser Überleben davon abhängen, inwieweit wir die Offenbarung des Heiligen Geistes ernst nehmen.

Werner May/Walter Sauter

Ruhen im Geist

Best.-Nr. 175834, Pb., 100 Seiten, DM/sfr. 10,80

In Segnungsgottesdiensten oder bei charismatischen Großveranstaltungen ist es immer wieder zu beobachten: Menschen, für die gebetet wird, fallen einfach zu Boden. Ruhen im Geist nennt sich dieses Phänomen, das weder von der Medizin noch von der Psychologie hinreichend erklärt werden kann. Vielleicht gerade deshalb scheiden sich an Ruhen im Geist auch die Geister. Befürworter sprechen davon, daß hier der Heilige Geist direkt auf den Menschen einwirkt. Kritiker dagegen warnen davor, daß es sich bei Ruhen im Geist um ein massen- oder parapsychologisches Phänomen handelt, das man am besten verbieten sollte. Im Spannungsfeld zwischen diesen beiden konträren Standpunkten versucht das vorliegende Buch eine Klärung.